Wie ist das mit den Religionen?

KARLO MEYER BARBARA JANOCHA

WIE IST DAS MIT DEN RELIGIONEN?

MIT FARBIGEN BILDERN VON
SANDRA RECKERS

Gabriel

S. 87: Auszug aus Psalm 143 von Martin Buber.
In: Martin Buber, Die Schrift. © by Gütersloher Verlagshaus, Gütersloh,
in der Verlagsgruppe Random House GmbH, München.
Mit freundlicher Genehmigung des Verlags.

Janocha, Barbara; Meyer, Karlo:
Wie ist das mit den Religionen?
ISBN 978 522 30519 8

Illustrationen: Sandra Reckers
Einbandtypografie: Doris Grüniger, Buch und Grafik, Zürich
Innentypografie: Bettina Wahl, Salem
Fachliche Beratung: Prof. Dr. Dr. Peter Antes, David Geiss,
Hamideh Mohagheghi
Reproduktion: Digitalprint, Stuttgart/HKS-artmedia, Leinfelden-Echterdingen
Druck und Bindung: Livonia Print, Riga

FSC www.fsc.org
MIX
Papier aus verantwortungsvollen Quellen
FSC® C002795

Inhalt

Ganz unterschiedliche Religionen

Bestimmt hast du in deiner Klasse Kinder, die einen anderen Glauben haben als du. Vielleicht haben sogar deine engsten Freunde eine ganz andere Religion. Manches, was du bei ihnen siehst, kommt dir vielleicht fremd vor, weil du es nicht kennst.

Die Kinder, von denen wir euch in diesem Buch erzählen, stammen aus fünf sehr verschiedenen Religionen. Sie wohnen alle in einem großen Haus. Auf dem Dach hat man einen weiten Blick über die Stadt und die Landschaft. Die fünf Kinder fragen nach den Geheimnissen der Welt und beginnen, ihre Religionen zu entdecken. Sie zeigen und erzählen einander, wie sie ihren Glauben leben. Und sie fragen andere nach ihrer Religion.

Wir möchten euch am Anfang diese Kinder aus dem Haus vorstellen, damit ihr schon wisst, welches Kind zu welcher religiösen Gemeinschaft gehört. Die verschiedenen Namen der Religionen müsst ihr jetzt noch nicht verstehen, wir werden sie euch in diesem Buch erklären.

Parvati und ihre Familie gehören zu einer Religion, die wir Hinduismus nennen. Als Farbe für Parvati und Erklärungen zum Hinduismus benutzen wir Gelb. Es hätte auch eine andere Farbe sein können, denn diese Religion ist voller froher Farben.

Bings Religion wird Buddhismus genannt. Für ihn haben wir die Farbe Orange gewählt, da viele buddhistische Mönche Kleider in dieser Farbe tragen. Bing wird bald in einem Kloster leben, daher hat er ein Gewand in dieser Farbe.

Jakobs Religion heißt Judentum. Der Gebetsschal von Jakob und allen Menschen aus dem Judentum hat blaue Streifen, daher ist die Farbe Blau für alle Juden wichtig.

Marie gehört zur Religion namens Christentum. Violett ist die Farbe der christlichen Kirche, denn Violett besteht zu gleichen Teilen aus Blau für den Himmel und Rot wie Blut für die Welt der Menschen.

Islam ist der Name von Selmas Religion. Grün ist die Farbe des Islam, weil es die Lieblingsfarbe des wichtigsten Propheten im Islam, Mohammed, war.

Wir möchten euch mit diesem Buch zeigen, wie Menschen unterschiedlicher Religionen leben, was sie glauben, welche Fragen für sie wichtig sind. Vielleicht überlegt ihr euch, wie es euch ginge, wenn ihr mit Jakob oder Parvati zusammentreffen würdet. Würdet ihr sie auch etwas fragen wollen? Vielleicht ist dieses Buch für euch aber auch eine gute Gelegenheit, selbst genauer über eure eigene Religion nachzudenken.

Die Geheimnisse der Welt

WAS STECKT HINTER DIESER WELT?

»Guckt mal, was ist das denn?« Selma sah auf den Boden neben der Treppe. Jakob und Marie blickten suchend nach unten. Tatsächlich, dort blinkte etwas. Selma pulte zwischen den Fliesenritzen und zog einen Schlüssel hervor.

Jakob sagte: »Das ist bestimmt ein Haustürschlüssel!«

Selma hüpfte zur Eingangstür und versuchte, ihn ins Schloss zu stecken, aber nein: Er passte nicht. Marie zeigte nach oben: »Das kann auch der Schlüssel für das Dach sein.« Jakob und Selma sahen sie überrascht an. Auf dem Dach war noch keiner von ihnen gewesen. »Können wir da einfach so hoch?«, fragten Marie und Jakob gleichzeitig.

»Lasst es uns ausprobieren«, sagte Selma. Gemeinsam gingen sie das gesamte Treppenhaus, Geschoss für Geschoss hinauf bis zu dem letzten fensterlosen, etwas düsteren Absatz.

Von oben drang ein schmaler Lichtstrahl durch das Schlüsselloch. Er ließ die Staubkörnchen im Treppenhaus auf einer kleinen Straße aus Licht glitzern. Selma suchte im Dunkeln den Schlüssel hervor. Er passte ins Schloss. Die Tür zum Hochhausdach sprang auf und das volle Tageslicht kam herein. Jakob, Marie und Selma plinkerten mit den Augen. Die Fläche des Daches glänzte. So viel Licht auf einen Schlag. Die drei Kinder traten auf das Dachgeschoss hinaus. Marie atmete durch. Ganz tief unter ihnen lagen Straßen, Häuser und Wiesen.

»Guckt mal, da fährt der Bus«, sagte Selma und deutete hinab, »ganz klein sieht er von hier oben aus – wie ein Spielzeugauto.« Marie zeigte weiter nach rechts: »Und dort der Badeteich!« Dann roch sie an den Blüten des Strauchs in der Dachecke: wie die dufteten! Ganz von Weitem hörten sie das Geräusch des Schulgongs für die Großen. Sie hatten erst nach der fünften Stunde aus. Jakob guckte suchend umher: »Wo ist die Schule?«

»Schau mal, hinter den Bäumen dort.« Selma zeigte auf ein paar rötliche Schatten hinter dem kleinen Wäldchen. Jakob seufzte. Gut, dass ab morgen endlich Ferien waren. Dann sah er noch weiter über das Wäldchen hinaus. Bis zu den Bergen konnte er die Landschaft gut erkennen. »Es ist, als ob wir von hier aus die halbe Erde sehen können«, sagte er.

»Stell dir vor«, sagte Marie, »man könnte mit dem Schlüssel, den wir gefunden haben, die Dächer der Häuser aufklappen und sehen, was die Menschen dort unten machen.« Jakob zeigte auf ein Haus: »Zum Beispiel da könnten wir sehen, wie dort unten eine Familie isst.«

Selma zeigte in die Ferne: »Oder wir könnten das Schiff dort hinten aufklappen und uns den Kapitän ansehen.« Marie lachte und ergänzte: »Und die Berge auch, um zu sehen, was im Inneren der Erde ist.«

Jakob sagte: »Man müsste solch einen Schlüssel haben, mit dem man die ganze Welt aufklappen kann.«

Marie überlegte: »Vielleicht könnte man so alle Geheimnisse entdecken. Unser Schlüssel könnte ein Geheimnisschlüssel sein, um zu sehen, was für Geheimnisse hinter allen Dingen dieser Welt stecken.«

Jakob nickte.

Marie schaute in die Ferne: »Was ist das Geheimnis dieses Waldes, was steckt alles in ihm und warum gibt es ihn?«, fragte sie. Selma schaute auf die kleinen Menschen unten: »Oder warum gibt es all diese Menschen da unten?« Jakob sah die beiden nachdenklich an: »Um das herauszufinden, braucht man viel mehr als einen Geheimnisschlüssel.«

Selma überlegte: »Bei uns in der Moschee haben wir einmal über so etwas wie einen Schlüssel zu den Geheimnissen der Welt gesprochen, aber das ist lange her.«

Marie stutzte: »In der Mosch…?«

»Ja«, sagte Selma, »wo wir zu Gott beten.« Jakob bemerkte: »Wir gehen in die Synagoge.« Marie war verblüfft: »Ich dachte, ihr geht auch in eine Kirche.« Die anderen beiden lachten und Jakob erklärte: »Wir beide haben einen anderen Glauben als du. Ich bin kein Christ, sondern Jude. Selma ist Muslima.«

»Dann haben wir gar nicht dieselben Ideen über Gott und die Welt?«, fragte Marie verwundert.

Jakob legte den Kopf etwas schief: »Ich weiß nicht genau. Es wäre sicher spannend, wenn wir mehr darüber wüssten. Was meint ihr? Wir könnten doch fragen, was in der Moschee, in der Synagoge oder in der Kirche …«, er überlegte kurz, »… zu den Geheimnissen hinter allen Dingen dieser Welt gesagt wird, wie man sie aufdecken kann.« Marie platzte dazwischen: »Vielleicht machen Bing und Parvati auch mit? Lasst uns gleich fragen.«

Judentum, Christentum, Islam
Juden, Christen und Muslime gehören zu drei verschiedenen Religionen und sie gehen in verschiedene Gotteshäuser. Christinnen und Christen gehen in die Kirche. Jüdinnen und Juden gehen in die Synagoge, Muslime in die Moschee. Alle drei glauben an einen Gott, der diese Welt erschaffen hat.

Sie gingen nach unten und auf das Klingeln öffnete Parvati selbst. »Was habt ihr vor?«, fragte sie.

Marie antwortete: »Hast du Lust mitzumachen? Wir wollen dem Geheimnis der Welt auf die Spur kommen.«

»Was?«, fragte Parvati. Jakob erklärte es: »Wir waren gerade auf dem Dach und haben die Welt von oben gesehen. Wir haben uns überlegt, wie es wäre, wenn man mit einem Schlüssel hinter die Dinge in der Welt sehen könnte. Vielleicht würden wir so mehr über die Geheimnisse erfahren. Und jetzt haben wir uns überlegt, dass wir in der Moschee, der Kirche und der Synagoge danach fragen wollen.« Parvati nickte: »Vielleicht kann meine Familie auch etwas dazu sagen. Ich komme mit.«

Jetzt fehlte nur noch Bing.

Auf ihr Klingeln öffnete Bings Mutter.

»Ist Bing da?«, fragte Selma ganz atemlos.

»Da muss ich euch enttäuschen. Bing ist in den Ferien im Kloster bei der Pagode«, erklärte Bings Mutter.

»Was macht er denn im Kloster?«, fragte Selma. »Bing soll doch auch mitmachen. Wir wollen nämlich nach den Geheimnissen der Welt fragen. Selma hat erzählt, dass sie in der Moschee schon mal von dem Geheimnis der Welt gehört hat. Und wir haben gedacht, wir fragen in der Moschee, in der Kirche, in der Synagoge ...«

»Oder im Tempel«, fügte Parvati hinzu.

Bings Mutter überlegte. »Ich werde schauen, was ich tun kann. Vielleicht kann Bing doch mitmachen, wenn ihr so wichtige Dinge plant.«

Parvati hatte eine Idee: »Und dann lade ich euch alle zuerst zu mir nach Hause ein. Kommt doch morgen Nachmittag bei mir vorbei. Meine Mutter erzählt immer gerne von unserer Religion, dem Hinduismus.«

Hinduismus und Buddhismus

Hindus und Buddhisten gehören zu zwei weiteren Religionen. Buddhisten gehen zum Beispiel zu einer Pagode oder einem Meditationsraum, Hindus gehen in einen Tempel.

Hinduismus

PARVATIS GLAUBE ALS HINDU

Am nächsten Tag drängten sich die Kinder in die Wohnung von Parvatis Familie. Im Flur sog Marie die Luft ein, hier roch es immer so gut nach Räucherstäbchen! Auch Bing war da. Der Abt des Klosters hatte aufmerksam zugehört, als Bing ihm erzählte, was die Kinder in den Ferien vorhatten. Erst hatte er mit dem Kopf geschüttelt, weil Bing eigentlich im Kloster sein sollte. Und dann hatte er doch Ja gesagt! Immer, wenn sie sich verabredeten, würde Bing auch dazukommen können.

Im Wohnzimmer setzten sich alle. Die Kinder wurden still, als Parvatis Mutter zu reden begann. »Da habt ihr ja eine tolle Idee, den Geheimnissen der Welt nachzuspüren.« Frau Srikumar schaute in die Runde. »Also erzähle ich euch heute etwas zu unserer Religion. Sie wird Hinduismus genannt.«

»Was heißt denn eigentlich Hinduismus?«, erkundigte sich Jakob.

»In der persischen Sprache wurden die Menschen Hindus genannt, die jenseits des Flusses Indus lebten. Das Wort Hinduismus haben dann die Europäer erfunden. Sie nannten alle Religionen, die sie jenseits des Flusses Indus in Indien kennenlernten, Hindu-Religionen oder eben Hinduismus. Da Indien so groß ist, gibt es hier viele verschiedene Vorstellungen über die Religion. In jedem Dorf werden andere Götter verehrt. Die

Menschen in dem einen Dorf verehren Schiwa, in dem anderen verehren sie Vischnu, andere kennen einen anderen Gott. Unsere Familie verehrt Krischna.

Hinduismus – ein Wort für viele Religionen

Es gibt verschiedene Hindu-Religionen in Indien, aber es ist auch immer wieder versucht worden, sie zu einer Religion zu verbinden. Alle Hindu-Religionen haben gemeinsam, dass sie an eine göttliche Kraft glauben, die sie Brahman oder Weltenseele nennen. Die Menschen verehren das Brahman in vielen verschiedenen Göttern. Die größten und wichtigsten Götter sind Brahma, Vischnu und Schiwa. Hindus glauben, dass der Gott Brahma die Welt erschaffen hat. Vischnu erhält die Welt und kümmert sich um die Menschen. Schiwa zerstört das Leben, das immer wieder neu entsteht. Auch Flüsse, Berge oder Felsen werden als Gottheiten verehrt. Am Ende gehören alle verschiedenen Götter zusammen.

»Kommt doch einmal mit. Ich zeige euch unseren Hausschrein«, sagte Parvati. Sie gingen alle in das Nachbarzimmer. In einer Ecke des Raumes stand der Schrein. Er sah aus wie ein kleiner Altar. Daher kam der Geruch der Räucherstäbchen. »Hier beten wir vor dem Frühstück und vor dem Abendessen mit der ganzen Familie.« Sie zeigte auf ein Bild, das auf dem Schrein stand. Ein junger Mann spielte auf einer Flöte. Er hatte eine ganz blaue Haut. Im Hintergrund waren zwei Kühe zu sehen. »Das ist Krischna, unser Hausgott. Er ist ein Ehrengast in unserem Haus. Ihn verehren wir besonders.«

Puja, die tägliche Andacht
Die Familie bringt Opfer dar, damit die Götter sie beschützen. Manchmal stehen auf einem Schrein auch Statuen oder Bilder von zwei oder drei Göttern. Die Götter sind Ehrengäste. Sie bekommen zu essen und zu trinken angeboten, Statuen werden auch angekleidet. Hindus schmücken die Bilder und Statuen mit Blumen. Bei der Puja werden auch Mantren gesprochen. Ein Mantra ist ein heiliger Spruch, der mit Kraft geladen ist. Dies kann ein Wort oder ein Satz sein. Die Silbe »Om« ist zum Beispiel ein bekanntes Mantra.

In der Ecke des Raumes lagen jede Menge bunte Kissen. Parvatis Mutter sagte zu den Kindern: »Nehmt euch jeder ein Kissen. Wir machen es uns auf dem Teppich gemütlich und ich erzähle euch von Krischna:

Krischnas Onkel war ein böser König. Der hieß Kansa. Er hatte eine Schwester, Devaki. Kansa hatte Angst um sein Leben, denn ein Wahrsager hatte ihm gesagt, dass ein Kind Devakis ihn töten würde. Deshalb sperrte er sie und ihren Mann Vasudeva im Palast ein. Immer, wenn Devaki ein Kind bekam, tötete er es. Dann wurde Krischna geboren und es geschah ein Wunder. Die Wärter schliefen ein und die Türen öffneten sich. Die Götter halfen Vasudeva, das Kind zu vertauschen. Sie brachten

Krischna zu einfachen Kuhhirten und das Kind der Kuhhirten wurde in den Palast gebracht.

So wuchs Krischna nicht bei seinen Eltern im Palast, sondern als Kuhhirte auf. Er war im ganzen Dorf sehr beliebt. Manchmal war er aber auch sehr frech. Als die Hirtenmädchen im Fluss badeten, versteckte er ihre Kleidung, sodass sie nackt aus dem Fluss steigen mussten. Von den vielen Hirtenmädchen liebte er eine besonders. Sie hieß Radha. Radha ging immer auf den Markt, um Milch zu verkaufen. Dann vermisste er sie. Wenn Krischna Sehnsucht nach ihr hatte, spielte er auf der Flöte. Später kehrte Krischna in seine Heimat zurück und tötete seinen Onkel Kansa, der ihn hatte ermorden wollen.«

Die Bhagavadgita

Ein wichtiges Buch der Hindus heißt Bhagavadgita. Darin steht die Geschichte von Krischna. Hindus glauben, dass die Liebe zwischen dem Gott Krischna und dem Hirtenmädchen Radha wie ein Beispiel ist für die Liebe von Gott zu den Menschen und die Liebe der Menschen zu Gott. In der Bhagavadgita sind auch die Regeln aufgeschrieben, nach denen ein Hindu leben soll. Das Wichtigste ist, dass ein Hindu keine Gewalt gegen andere Lebewesen ausübt.

Frau Srikumar fuhr fort: »Jeden Tag machen wir Krischna Geschenke. Wir bieten ihm Wasser an zum Trinken und zum Baden, wie einem richtigen Gast. Dann zünden wir ein Räucherstäbchen an und beten zu ihm, dass er unserer Familie hilft und uns beschützt. Immer wenn wir essen, bieten wir erst auch Krischna etwas zu essen an.« Tatsächlich lagen auf dem Schrein frische Blumen und Obst. »Wir schwenken das Bild von Krischna und läuten dazu die Glocke. Zu seinen Ehren feiern wir im Frühling ein großes Fest, das Holi-Fest.« Zu Parvati sagte Frau Srikumar: »Hol doch bitte mal die Fotos von unserer Indienreise vom letzten Jahr. Die sind in der bunten Schachtel neben den Büchern, ganz oben auf dem Regal.« Parvati sprang auf. Sie liebte diese Schachtel mit den schönen Bildern.

Parvati zog einen Stuhl ans Regal, stieg hinauf und angelte nach der Schachtel. Ganz vorsichtig nahm sie die Schachtel herunter und setzte sich schnell wieder zu den anderen.

Sofort dachte sie an Indien: Diese vielen Menschen, diese Hitze. Sie musste lachen. Ihr fielen wieder die Kühe ein, die in Indien einfach auf der Straße liegen dürfen. Niemand darf sie verscheuchen. Die Autofahrer warten geduldig, bis sie den Weg freigeben.

Die Mutter suchte ein Foto heraus.

»Was ist denn hier los?«, fragte Jakob. Die Menschen waren alle mit Farbe beschmiert oder hatten sie sich alle nicht gewaschen? Sie lachten und freuten sich.

Kühe sind heilig

Hindus glauben, dass alles Leben verbunden ist mit dem Göttlichen. Deshalb ist alles Leben heilig, auch die Kühe. Warum die Kühe in Indien so besonders sind, weiß man gar nicht so genau. Auf jeden Fall hatte die Kuh über Jahrtausende für jede Familie eine lebenswichtige Bedeutung. Die Kuh wird zum Transport von Waren gebraucht. Menschen verwerten die Milch und machen daraus Butter. Der getrocknete Kuhmist wird zum Feuermachen benutzt. Die Kühe sind also für das ganze Leben wichtig und werden daher verehrt. Weil sie so verehrt werden, essen Hindus kein Rindfleisch.

»Die Farben gehören zum Holi-Fest. So hat Krischna auch mit seinen Hirtenmädchen gespielt«, erzählte Parvati. Sie war richtig glücklich, dass sie ihren Freunden erzählen konnte, was ihr so viel Spaß machte. »Man darf jeden Bekannten und Unbekannten mit rotem Pulver bewerfen, was schön duftet. Oder wir bespritzen uns mit Wasserfarbe. Es wird gesungen und getanzt. Alle feiern den Frühlingsanfang und wünschen sich Glück. Das Schönste ist, dass man dann auch den Leuten ›Alles Gute‹ wünscht, mit denen man sonst nicht viel redet. Am Abend gehen alle aus. Es gibt Puppenspiele und Theater, die von den Göttern erzählen.«

»Ja, am Holi-Fest machen wir keine Unterschiede zwischen den Menschen«, ergänzte Parvtis Mutter. »Alle feiern zusammen. Denn sonst gibt es immer noch eine Trennung zwischen den verschiedenen Menschen und Berufen. Das war früher noch strenger. Jeder hat nur mit Leuten geredet und gefeiert, die denselben Beruf hatten: Die Priester waren unter sich, die Geschäftsleute, die Soldaten und die Bauern. Diese verschiedenen Gruppen nennt man Kasten. Ein Mann durfte auch keine Frau aus einer anderen Kaste heiraten. Auf den Dörfern ist das heute noch sehr wichtig. Denn der Mann, der mit seiner Landwirtschaft Geld verdienen muss, braucht ja auch eine Frau, die mitarbeitet.«

Feste im Hinduismus

In Indien leben die meisten Hindus. Sie verehren ihren Gott durch Feste und Feiern. Ein großes ist Holi, das zu Ehren Krischnas gefeiert wird. Ein anderes großes Fest begehen viele Hindus im Herbst, zu Ehren des Gottes Vischnu und seiner Frau Lakschmi. Lakschmi ist die Göttin der Schönheit. Das Fest heißt Divali, das bedeutet Lichterkette. Hindus setzen Kerzen auf Lotosblätter und lassen sie den Fluss hinunterschwimmen. Es gibt auch ein großes Feuerwerk. Die Lichter sollen Unglück vertreiben. Alle Kinder bekommen Süßigkeiten.

Parvati warf ein: »Wenn jemand Glück für seine Familie oder sich selbst braucht, muss er Ganescha bitten. Er ist ein Lieblingsgott von mir. Er hilft zu Glück und Reichtum.« Sie stand auf und kam mit einer Figur aus Messing zurück. »Das ist eine Statue von Ganescha.« Ganescha hatte einen Elefantenkopf und vier Arme. Parvati zeigte auf den dicken Bauch. »Er ist so dick, weil er gerne Süßigkeiten isst. Am liebsten süßen Reis. Und als er einmal zu viel davon gegessen hatte, platzte ihm der Bauch und er hat ihn mit einer Schlange wieder zusammengebunden. Ganescha ist nämlich klug und gerissen.« Sie flüsterte nun: »Wenn wir in der Schule eine Mathearbeit schreiben, bitte ich ihn jedes Mal, mir zu helfen. Deshalb schreibe ich oben auf den Arbeitszettel immer das Ganescha-Mantra. Auch wenn wir etwas Wichtiges vorhaben, opfern wir ihm vorher Obst und Süßigkeiten.«

»Warum hat Ganescha einen Elefantenkopf?«, fragte Jakob neugierig.

»Dazu muss ich euch die Geschichte von Ganeschas Geburt erzählen«, begann Parvatis Mutter: »Es war einmal eine Göttin, die hieß Parvati, genau wie unsere Parvati hier. Parvati war wunderschön, aber fröhlich war sie nicht. Sie fühlte sich sehr allein und einsam. So gern hätte sie einen kleinen Jungen gehabt. Sie redete mit ihrem Mann Schiwa darüber. Aber ihr Mann Schiwa war immer beschäftigt. Eines Tages saß sie im Bad und hatte eine gute Idee: Sie nahm die kleine Seife und Hautfet-

zen aus dem Badewasser und formte aus ihnen einen kleinen Jungen. Als Göttin hauchte Parvati ihm Leben ein und so wurde er ein richtiger kleiner Junge. Parvati gab ihm den Namen Ganescha. Sie bat ihn darum, vor ihrem Bad aufzupassen, damit niemand hereinkäme, während sie badete. Gerade in dieser Zeit kam unglücklicherweise Schiwa, Parvatis Mann. Ganescha sah ihn und befahl ihm, nicht hineinzugehen. Er wusste ja noch nicht, wer Schiwa war. Doch Schiwa wurde sehr wütend über diesen Befehl und voller Zorn packte er sein Messer und haute so zu, dass der kleine Ganescha seinen Kopf verlor. Als Parvati das sah, war sie entsetzlich unglücklich und musste furchtbar weinen. Schiwa hatte ein schlechtes Gewissen. Er befahl seinen Dienern, den Kopf des ersten Lebewesens zu bringen, auf das sie treffen würden: Das war ein Elefant. Um Ganescha ins Leben zurückzubringen, setzte er ihm den Kopf des Elefanten auf. So entstand Gott Ganescha.«

Parvati nahm ein weiteres Foto aus der bunten Schachtel. Sie rückten alle eng zusammen, um gut sehen zu können. Auf dem Bild stand Parvati mit ihrer Mutter am Ufer eines Flusses. Sie standen auf einer großen, breiten Treppe und waren mit den Füßen schon im Wasser.

»Ihr habt ja ganz vergessen, eure Badesachen anzuziehen«, wunderte sich Bing. Frau Srikumar lächelte: »Wir stehen hier am Ganges und nicht im Freibad. Schaut mal, viele Menschen haben noch ihre Kleidung an. Die Frauen gehen mit ihren langen Kleidern ins Wasser. Der Ganges ist ein heiliger Fluss und er ist der längste Fluss in Indien. Er entspringt im Himalaja, in den Bergen, und mündet in den Indischen Ozean. Die Menschen leben am Fluss. Sie waschen alles im Fluss: ihre Körper, ihre Kleider oder auch ihre Teppiche. Viele Menschen kommen auch extra an den Fluss. Sie wollen gesund werden oder sie bitten die Götter um Glück und Wohlstand. Sie steigen in den Fluss, um sich dort zu reinigen. Die Treppen erleichtern den Zugang zum Wasser.«

Jakob runzelte die Stirn: »Aber ihr könnt euch doch gar nicht richtig reinigen, wenn ihr die Kleider noch anhabt. Wie soll das gehen?«

»Das heilige Wasser reinigt die Seele und den Körper, auch ohne Seife, glauben wir. Wir trinken das Wasser sogar.« Parvatis Mutter holte eine blaue bauchige Flasche aus einem Regal. »Hier ist Wasser aus dem Ganges. Wir haben es letztes Jahr mitgebracht«, sagte sie leise. Sie hob wieder die Stimme und erzählte weiter: »Viele Menschen kommen auch an den Fluss, um dort zu sterben. Oder sie bitten ihre Familien, ihren Leichnam dort zu verbrennen. In Indien werden die Menschen nicht beerdigt wie hier in Deutschland. Sie werden auf großen Scheiterhaufen verbrannt, wenn sie gestorben sind. Die Asche wird in den Ganges gestreut, sodass die Seele gleich in den Himmel steigen kann. Sie wird dann schneller wiedergeboren. Wir Hindus glauben, dass nach dem Tod ein neues Leben kommt. So ist die Ordnung der Welt.«

»Du glaubst also, dass du nicht nur einmal lebst?«, fragte Jakob nun Parvati.

»Genau, vielleicht bin ich in meinem nächsten Leben wieder ein Mensch. Vielleicht bin ich aber auch ein Tier oder eine Pflanze«, bestätigte Parvati.

»Und wer entscheidet das?«, fragte Marie. Parvatis Mutter antwortete: »Das hängt davon ab, ob ich ein gutes Leben geführt habe oder ein schlechtes. Wenn ich anderen helfe und niemandem Böses tue, werde ich wieder ein glückliches Leben führen und es wird mir gut gehen. Wenn ich schlimme Sachen mache, wenn ich lüge oder stehle, dann werde ich es in meinem nächsten

Leben wahrscheinlich nicht gut haben oder gar als Tier wiedergeboren werden.

Hindus werden wiedergeboren

Hindus glauben an die Unsterblichkeit der Seele. Das heißt, die Seele geht nach dem Tod wieder in einen anderen Menschen, ein Tier oder eine Pflanze über und kommt so wieder auf die Erde. Wie Perlen auf einer langen Perlenkette, so reiht sich Leben an Leben.

Alle Hindus glauben an das Karma. Karma heißt »Tat«. Alles, was der Mensch tut, hat eine Folge. Die Seele nimmt immer die Eindrücke aus dem vorherigen Leben in das nächste Leben mit.

Die Hindus wollen aus dem Kreislauf der Wiedergeburten herauskommen, weil sie ihn als Qual empfinden. Mit Geschenken an die Götter wollen viele erreichen, dass sie als etwas Besseres wiedergeboren werden. Die Erlösung aus dem Kreislauf der Wiedergeburten heißt Moksha. Dann ist der Mensch mit der Weltenseele Brahman vereint.

Die Priester im Tempel sagen uns, was wir tun sollen und wie wir die Götter verehren sollen. Wenn wir uns richtig verhalten und die Götter verehren, kommen wir dem Geheimnis der Welt näher.«

»Wo ist denn euer Tempel?«, fragte Marie.

»Einen Tempel gibt es nur in größeren Städten. In Deutschland leben viel weniger Hindus als in Indien. Aber die großen Feste feiern wir gemeinsam mit anderen Hindus und wir treffen uns dann mit den vielen Tausend anderen, die in Deutschland oder anderen europäischen Ländern leben.

Viele Hindus leben auch in Europa
Der größte Hindu-Tempel Europas steht in Hamm/ Westfalen. Zum jährlichen Tempelfest kommen Tausende Hindus. Sie feiern eine Prozession und baden im Datteln-Hamm-Kanal. Weil Indien so weit weg ist, stellen sie sich vor, dass dieser Kanal der Ganges ist.

Alle sind festlich gekleidet und freuen sich, ihre Freunde und Verwandten zu treffen. Dann feiern wir, wie die Hindus in Indien«, erklärte die Mutter. Sie zeigte auf ein Bild. »Hier tragen wir die Statue Ganeschas auf einer Sänfte. Sie ist aus Lehm gemacht und wird nach der feierlichen Prozession im Wasser versenkt. Tänzer und Musiker begleiten den Zug. Danach werden beim Fest viele Geschichten erzählt. Auch die Geschichten gehören zu unserer Verehrung der Götter.«

»Ich muss euch unbedingt die Geschichte von Rama und Sita erzählen!«, sagte Parvati und begann:

»Rama war ein Prinz aus Ayodhya. Er liebte Sita, die Tochter des Königs Janaka. Janaka wollte seine Tochter Sita aber nur einem Mann zur Frau geben, der den gewaltigen Bogen Schiwas spannen könnte. Rama siegte in dem Wettbewerb und heiratete Sita. Nun sollte er am väterlichen Hof mitregieren. Aber seine Stiefmutter mochte ihn nicht. Sie dachte sich ganz gemeine Sachen aus. Alle sollten schlecht über Rama denken. Und niemand glaubte Rama. So zogen Rama und Sita fort in einen Wald. Rama vollbrachte in dieser Zeit viele gute Taten und tötete Dämonen und Ungeheuer. Die Menschen freuten sich darüber, aber Ravana, ein Dämonenkönig, wurde sehr böse und er entführte Sita. Rama weinte sehr, als seine Sita verschwunden war. Er wusste nicht, wie er sie wiederfinden sollte. In seiner Not bat Rama den König der Affen, ihm zu helfen. Dieser schickte seinen Minister Hanuman, der war sehr stark und klug. Sie fanden gemeinsam heraus, dass der Dämonenkönig Sita auf einer Insel versteckt hielt. So bauten sie eine lange Brücke. Sie kämpften gegen Ravana und Rama tötete den Dämonenkönig. Sita war frei. Rama und Sita kehrten gemeinsam zurück. Aber etwas hatte sich verändert. Rama glaubte seiner Frau nicht mehr, dass sie ihn noch liebte. Wie konnte sie ihm zeigen, dass sie ihn wirklich noch liebte?

Hindus erzählen gern Geschichten

In den Geschichten wirken die Götter wie Menschen. Sie kämpfen für das Gute und besiegen das Böse. Das Ramayana ist bei Kindern sehr beliebt und wird oft im Theater aufgeführt. Es erzählt die Geschichte von Rama und Sita. Sita wird als treue Ehefrau und liebende Mutter verehrt. Rama steht für Kraft und Ehrlichkeit. Viele Jungen wollen so sein wie Rama.

Sita stellte sich zum Beweis auf den brennenden Scheiterhaufen. Der Feuergott wusste, dass sie unschuldig war, und gab sie Rama zurück. Da glaubte Rama ihr wieder.«

Selma nahm noch ein Foto aus der Schachtel. »Oh, ist die Frau schön! Wer ist das?«, fragte sie begeistert. »Sie hat so ein schönes Kleid an.«

»Das ist meine Tante in Indien. Sie trägt einen Sari. Dieser besteht aus einem viele Meter langen Stoff und wird ganz kunstvoll angelegt. Seht nur, sie hat auch einen roten Punkt auf der Stirn, das ›dritte Auge Schiwas‹«.

»Ich sehe aber nur zwei Augen«, unterbrach Marie.

»Natürlich hat sie nur zwei Augen, mit denen sie sehen kann. Aber um schön auszusehen, malen einige Hindu-Frauen sich diesen roten Punkt zwischen die Augen.«

Der rote Punkt

Ein roter Punkt an der Nasenwurzel zeigt, dass die Frau eine Hindu ist. Früher haben nur unverheiratete Frauen den Punkt getragen. Die verheirateten haben sich den Haaransatz rot gefärbt. Da Indien so groß ist, hat der rote Punkt auch verschiedene Bedeutungen. Einige Hindu-Frauen tragen ihn als Zeichen ihrer Verehrung von Schiwa. Weil der Punkt wie ein drittes Auge aussieht, wird er »das dritte Auge Schiwas« genannt. Manche sehen ihn aber auch als Zeichen der Göttin Schakti. Sie ist die Göttin der Kraft und der Macht. Heutzutage hat der Punkt auch manchmal eine andere Farbe, damit er modisch besser zur Kleidung, dem Sari, passt.

Parvatis Mutter schaute in die Runde. »Ich glaube, ihr habt jetzt jede Menge gehört, um zu verstehen, was wir Hindus glauben.«

Marie sagte: »Für euch gibt es viele Götter. Viele Dinge sind heilig, wie zum Beispiel Wasser. Etwas von einem Geheimnis hast du auch schon gesagt.«

Parvatis Mutter nickte: »Wenn wir die alten Geschichten von den Göttern hören und die Götter verehren, kommen wir dem Geheimnis näher. Die Verehrung der Götter ist für uns wie ein Schlüssel für die Welt und ihre Ordnung. Wir glauben, alles in der Welt ist von göttlichem Wesen und göttlicher Ordnung erfüllt. Das ist das Geheimnis. Auch wir Menschen gehören dazu. Jeder hat seinen Platz und seine Aufgabe, die er in diesem Leben erfüllen muss.« Nach einem Moment sagte sie: »Das ist unsere Antwort auf eure Frage.«

Bing machte einen Vorschlag: »Wir könnten jetzt jede Woche einen von uns besuchen. Bestimmt hat jede Religion eine andere Antwort auf die Frage nach dem Geheimnis. Wenn ihr wollt, dann zeige ich euch nächste Woche meine Pagode und ich erzähle euch etwas über den Buddhismus.«

WIE IST ES MIT GLÜCK UND PECH?

Am nächsten Donnerstag regnete es. Jakob schlenderte über den Platz vor dem Hochhaus. »Blödes Wetter!« Er patschte einmal kräftig mit den Gummistiefeln in eine Pfütze. Der Matsch spritzte in einem hohen Bogen durch die Luft und legte sich als braunschwarze Schicht über die Blüten eines Gänseblümchens. ›Eklig!‹, dachte Jakob, ›Gänseblümchen mit brauner Soße‹. Er blieb einen Moment stehen und sah, wie der Regen auf das Blümchen pladderte. Bald war die dunkle Schicht wieder weg und das Weiß und Gelb der Blüte kam hervor. »Jetzt bist du wieder sauber«, sagte Jakob zu dem Gänseblümchen und schlenderte weiter. Er gab einer Coladose einen leichten Tritt. Doch er trat mit dem Fuß nicht nur gegen die Dose, sondern auch gegen eine lockere Bodenplatte, verlor das Gleichgewicht und fiel hin. Eine braunschwarze Schicht bedeckte nun seine Hände und die Knie.

›Na toll, Jakob in brauner Soße‹, dachte er, rappelte sich auf, rieb die Hände aneinander und humpelte weiter zu den Postkästen. Dort traf er die anderen.

»Was hast du denn gemacht?«, fragte Parvati.

»Sieht man doch«, sagte Jakob kurz angebunden, »ich bin in den Matsch gefallen.«

Marie kicherte: »Pech, Pech, aber du hast noch Glück. In der Geschichte von der Pechmarie wird Marie ganz übergossen und das Pech haftet für immer schwarz und eklig an ihr.«

»Dann bin ich wohl ein Glückspilz?«, fragte Jakob ironisch. »Nein, ich hätte lieber richtiges Glück. Immer nur ganz viel Glück.«

»Ach«, schwärmte Selma, »das wünsche ich mir auch, so richtig viel Glück und Glück und Glück ... wie im Schlaraffenland. Immer mein Lieblingsessen, immer Sonnenschein, immer nette Leute. Immer ...«

Bing unterbrach sie mit gerunzelter Stirn: »Wäre das nicht langweilig? Alle liegen fett auf der Erde und tun

gar nichts außer essen und glücklich sein. Ich glaube, das wär nichts für mich. Ich würde mich zu Tode langweilen.«

»Aber Pech kann auch etwas Gutes mit sich bringen und uns sogar helfen«, sagte Selma. Alle guckten sie fragend an und sie fuhr fort: »Wenn wir Pech haben, denken wir manchmal plötzlich: ›He, stopp, was mache ich da eigentlich.‹ Und wenn wir etwas falsch gemacht haben, können wir es ändern.«

»Du meinst, wenn wir Pech haben, kann das helfen? Wir ändern dadurch unser Verhalten und lernen vielleicht etwas daraus?«, überlegte Marie. Selma nickte.

»Da gab es nichts Besonderes zu lernen. Ich habe einfach nur gegen eine Dose getreten und bin hingefallen«, bemerkte Jakob etwas mürrisch. Marie lachte: »Vielleicht hättest du lernen können, sie nächstes Mal lieber aufzuheben und in den Mülleimer zu werfen.«

»Oder«, meinte Bing, »sich nicht über so einen Kram zu ärgern.«

Selma nickte, doch Parvati schüttelte den Kopf. Sie hatte ihre ganz eigene Vorstellung: »Ich seh das anders: Pech ist nur die Fortsetzung von dem, was ich vorher getan habe. Wenn ich schlechte Laune habe, mich über den Regen ärgere und nach Dosen trete, dann ist der Sturz einfach eine Fortsetzung meiner schlechten Laune vorher.« Sie pikte Jakob kurz: »Vielleicht hat es heute ja schon mit schlechter Laune beim Aufstehen begonnen?«

Bing nickte. »Selma hat recht: Es liegt an dir. Du hättest nach dem Sturz auch über dich selbst lachen können.«

Jakob guckte noch immer nicht fröhlicher. »Tolle Vorschläge«, sagte er achselzuckend. »Ich glaube ja, manchmal hat Pech gar keinen Sinn und manchmal Glück nicht. Ich glaube, ich bin einfach nur hingefallen.« Und zu Bing gewandt fuhr er fort: »Kann ich mir bei euch die Hände waschen? Wir wollten ja gleich von euch aus in die Pagode fahren.«

Glück und Pech

Über Glück und Pech gibt es verschiedene Vorstellungen zwischen den Menschen und auch innerhalb der Religionen.

Manche Hindus und Buddhisten betonen, dass Glück und Pech die Folge von unserem eigenen Tun sind. Wenn wir in diesem oder einem früheren Leben etwas Gutes getan haben, folgt irgendwann Glück, wenn wir etwas Schlechtes getan haben, folgt irgendwann Pech.

Manche Christen und Muslime sagen, dass man auch aus Pech lernen kann. Glück und Pech können sogar Hinweise von Gott sein.

Was glaubst du: Wie ist das mit dem Pech, wie ist das mit dem Glück?

Buddhismus

BINGS GLAUBE ALS BUDDHIST

Bings Vater war zu Hause. Er hatte sich Urlaub genommen. Am ersten Ferientag hatte er Bing in die Pagode, ein buddhistisches Kloster, begleitet. Mit anderen buddhistischen Kindern verbrachte Bing dort einige Wochen im Jahr, meistens in den Sommerferien.

Am ersten Tag hatte Bing die besondere Klosterkleidung bekommen. Er war auch etwas stolz darauf und freute sich, schon wie ein Mönch auszusehen. Jetzt war er extra nach Hause gekommen, weil er den anderen den Weg zur Pagode zeigen wollte. Alle standen in der Wohnung neben dem Waschbecken. Jakob hatte sich inzwischen die Hände gewaschen und trocknete sich ab. Er fragte Bing: »Wie waren denn die ersten Tage im Kloster?«

»Gut!«, antwortete Bing spontan. »Die Zeit im Kloster gefällt mir immer sehr gut. Zu Hause machen meine kleinen Geschwister so viel Lärm.« Er grinste. »Da ist es im Kloster schön ruhig und dann bin ich auch gut gelaunt.« Er war sich sicher, dass er später in ein Kloster gehen wollte. Es ging ihm dort einfach gut. Warum, wusste er auch nicht so genau. Bing hatte schon oft darüber nachgedacht. Nun fragte er die anderen: »Wisst ihr, was das wirklich Wichtige im Leben ist? Im Kloster versuchen wir es herauszufinden. Ich will versuchen, es euch bei unserem Besuch in der Pagode zu erklären.«

Bings Vater kam aus dem Wohnzimmer: »Von mir aus können wir gleich los! Dann kriegen wir noch den nächsten Bus.«

Sie liefen los. Bing konnte mit seinem Gewand nicht ganz so schnell gehen. Es war noch etwas ungewohnt. Aber sie kamen rechtzeitig, der Bus war noch nicht da. »Die Buslinie führt genau an der Pagode vorbei, wir brauchen gar nicht umzusteigen«, sagte Bings Vater.

Marie fragte: »Hat der Buddha immer viel gegessen?«

»Wie meinst du das?«, fragte Herr Yu.

»In dem Restaurant, wo wir manchmal chinesisch essen, gibt es einen Buddha, der an der Tür sitzt. Der hat einen ganz dicken Bauch.«

»Es gab einen Menschen, den wir Buddha nennen«, erklärte Herr Yu. »Er wurde in Indien geboren und war der Sohn eines reichen Herrschers, ein Prinz. Er hieß Siddharta Gautama. Da hat er sicher gut zu essen bekommen. Aber später in seinem Leben hat er sehr sparsam gelebt und hat nur das genommen, was er geschenkt bekam.«

»Aber warum denn?«, fragte Selma. »Wenn er reich war, konnte er doch alles kriegen, was er sich nur wünschte.«

Inzwischen kamen immer mehr Menschen und warteten auf den Bus. Einige schauten ungeduldig auf die Uhr.

»Siddhartas Vater wollte ihm nur das Gute in der Welt zeigen und hielt ihn fern von allem Übel. Siddharta heiratete und bekam einen Sohn. Aber richtig glücklich war er nicht. Eines Tages machte er einen Ausflug mit einem seiner Diener. Dieser lenkte den Wagen. Siddharta war gut gekleidet. Er hatte sich mit Edelsteinen geschmückt. Er hatte alles, was man sich denken konnte. Immer hatte er im Überfluss zu essen, auch jetzt hatte er gut gefrühstückt. Das Wetter war schön und beide waren bester Laune. Als sie nun unterwegs waren, trafen sie einen sehr kranken Mann, der sie um Hilfe anflehte. Seine Augen waren ganz stumpf. Am nächsten Tag begegneten sie einem alten Mann. Sein Rücken war ganz gekrümmt. Das Gehen fiel ihm schwer. Seine Haut war faltig, sein Gesicht zerfurcht.«

Der Bus ließ auf sich warten. ›Wie gut, dass Herr Yu eine Geschichte erzählt‹, dachte Jakob. ›Sonst wäre diese Warterei ganz schön langweilig.‹

»Am dritten Tag fuhren sie wieder aus. Sie waren schon eine ganze Weile unterwegs. Die Bäume standen in vollem Grün, die Sonne schien durch das Blätterdach. Es war angenehm kühl. Plötzlich scheute ihr Pferd. Am Wegesrand lag ein Leichnam. Ein Schwarm von Fliegen stand über dem toten Menschen. Siddharta Gautama hatte in kurzer Zeit einen Kranken, einen Alten und einen Toten gesehen. Er verstand, dass sich niemand vor Alter, Krankheit und Tod schützen konnte. Dies alles gehörte zum Leben dazu, auch wenn sein Vater ihm bisher nichts davon erzählt hatte. Der größte Reichtum konnte also nicht verhindern, dass Menschen krank werden oder sterben müssen. Auf ihrer vierten Fahrt kreuzte ein einfacher Wandermönch ihren Weg. Trotz seiner Armut war er freundlich und schien glücklich. Das machte den Prinzen sehr nachdenklich. Obwohl Siddharta alles hatte, was man sich denken konnte – Geld, Edelsteine, eine Frau, einen Sohn, einen Diener und vieles mehr –, schien dieser einfache Mann glücklicher zu sein als er. Daraufhin verließ Siddharta den Palast. In der Nacht schlich er sich davon, ohne sich von seiner Frau und seinem Sohn zu verabschieden. Er wollte so wie ihr dem Geheimnis des Lebens auf die Spur kommen.«

Inzwischen hatte der Bus zehn Minuten Verspätung. Es fing wieder an zu regnen und der Platz im Wartehäuschen reichte nicht für alle. Eine Frau mit Aktentasche schimpfte und diskutierte laut mit einem älteren Mann, der gerade erzählte, dass er nun wohl seinen wichtigen Termin verpassen würde.

Herr Yu ließ sich seine gute Laune nicht nehmen. »Seht ihr, es nutzt gar nichts, ungeduldig zu werden. Wir werden einfach warten, bis der Bus kommt, und das Wetter müssen wir auch nehmen, wie es kommt. Vielleicht hat der Bus einen Motorschaden. Wenn er nicht kommen sollte, können wir immer noch einen Spaziergang zur Pagode machen. Von Buddha haben wir gelernt: Wenn du an einer Situation etwas ändern kannst, dann brauchst du dich nicht zu ärgern. Wenn du an einer Situation nichts ändern kannst, dann nutzt dir auch dein Ärger nichts. Er bringt dich nur aus der Ruhe.«

Endlich kam der Bus um die Kurve. Die Wartenden schüttelten die Regenschirme aus und machten ihrem Ärger Luft. Sie drückten dem Busfahrer unfreundlich das Fahrgeld in die Hand.

»Schön, dass Sie noch gekommen sind«, grüßte Herr Yu den Busfahrer, der ihn erstaunt ansah. »Seht ihr«, sagte Bings Vater zu den Kindern. »Wir wissen gar nicht, warum der Bus so spät dran ist, darum können wir uns auch kein Urteil erlauben. Es ist im Grunde auch egal. Nun ist er ja da und wir können uns freuen, dass wir nicht zu Fuß gehen müssen.«

»Der Buddha hat in Indien gelebt?«, fragte Jakob. Sie hatten von Parvatis Mutter doch gehört, dass in Indien fast alle Menschen Hindus sind. »Das ist richtig«, sagte Herr Yu. »Der Fürstensohn Siddharta Gautama war Hindu. Nachdem er von zu Hause fortgezogen war, wollte er herausfinden, wie er aus dem Kreis der Wiedergeburten heraustreten könnte. Er aß nichts und trank nichts, aber das nützte ihm nichts. Schließlich setzte er sich unter einen Feigenbaum und versank in tiefe Meditation. Er blieb dort drei Tage und drei Nächte sitzen. Dann erkannte er das Geheimnis, das hinter den Dingen steht.« Herr Yu blinzelte den Kindern zu. Marie hielt es kaum auf ihrem Sitz. So einfach war es also, das Geheimnis zu entschlüsseln! Aber hatte Selma nicht auch in der Moschee von dem Geheimnis gehört?

»Er erkannte die vier edlen Wahrheiten«, sagte Herr Yu geheimnisvoll.

»Wir müssen hier aussteigen!«, rief Bing. Fast hätten sie die Station verpasst, so vertieft waren sie ins Gespräch. Als sie ausstiegen, hatte es aufgehört zu regnen.

»Was hat der Buddha denn herausgefunden?«, bohrte nun auch Jakob nach.

Herr Yu fuhr fort: »Der Buddha hat eine sehr wichtige Erkenntnis gehabt. Er hat lange über das Geheimnis des Lebens nachgedacht. Das Wichtigste ist, zu erkennen, dass das Leben voller Leiden ist. Niemand kann für immer jung und gesund sein. Jeder ist in seinem Leben auch unglücklich und krank. Jeder und jede muss schließlich sterben und vor dem Tod haben die meisten Menschen Angst. Die zweite große Erkenntnis ist, dass die Menschen gierig sind. Nie sind sie mit dem zufrieden, was sie schon haben. Sie wollen immer mehr. Die Erwachsenen wollen mehr Geld haben, um ein größeres Auto zu kaufen. Und ihr wollt vielleicht ein schöneres Fahrrad, eine bessere Playstation oder lieber das teurere Spielzeug als das preiswerte. Die Menschen sind gierig nach allen möglichen Dingen, die sie manchmal gar nicht brauchen, um wirklich glücklich zu sein. Dadurch sehen wir Menschen manchmal nicht mehr, dass wir auch mit weniger zufrieden sein könnten. Und tatsächlich gibt es Menschen, die leben einfach und bescheiden und sind trotzdem glücklich, so wie der Wandermönch, der dem Buddha begegnet war. Der Buddha hat erkannt, dass wir das Leiden beenden können, wenn wir unser Leben ändern. Ich glaube, dass ist eine wichtige Erkenntnis, um die Geheimnisse der Welt zu verstehen.«

Jetzt mussten sie rechts in die Straße einbiegen. Auf dem Eckgrundstück stand die Pagode. Das Gelände war von einer Mauer eingefasst. Die Pagode hatte einen Turm. »Wir sind da!«, freute sich Bing. In dem Moment trat ein Mann durch das Tor und kam auf die Kinder und Herrn Yu zu. »Ich hab euch schon kommen sehen. Herzlich willkommen!«, sagte er und ging auf sie zu. Mit einem breiten Lächeln stellte er sich vor: »Ich bin der Abt des Klosters und freue mich auf euren Besuch.

Ich leite andere Schüler in unserem Kloster an und helfe ihnen herauszufinden, was wirklich wichtig ist. Bing hat mir schon von euch erzählt.«

»Wir haben schon gehört, dass der Buddha ein reicher Mann war. Dann hat er sich aber entschieden, ganz bescheiden zu leben«, erzählte Selma dem Abt. Dieser stutzte. »Na, ihr seid ja schon gut informiert. Wir Buddhisten wollen das, was der Buddha erkannt hat – Gier

und Leid – beenden. Dafür ist jeder Mensch selbst verantwortlich.

Die vier edlen Wahrheiten

Die erste edle Wahrheit ist das Wissen, dass unser Leben voller Leiden ist. Die zweite edle Wahrheit ist, dass wir das Leiden selber durch unsere Gier verschulden. Die dritte edle Wahrheit sagt aus, dass das Leiden beendet werden kann. Und in der vierten edlen Wahrheit zeigt uns der Buddha den Weg, wie wir das Leiden beseitigen können.

Siddharta Gautama hatte diese Erkenntnis unter dem Bodhi-Baum, dem Baum der Erleuchtung. Deshalb trägt er den Namen »Buddha«, das heißt »der Erleuchtete«. Alle Buddhisten streben dem Buddha nach.

Ich erzähle euch dazu die Geschichte einer alten Frau: Sie war sehr arm. Sie verehrte den Buddha und wollte ihm so gerne etwas schenken. Aber sie besaß nichts, was sie dem Buddha hätte geben können. Also sparte sie ein paar Tropfen Öl. Es war nicht viel, aber ihr Geschenk kam von Herzen. Eines Tages füllte sie das Öl in eine kleine Lampe und brachte es dem Buddha in den Tempel. Das Licht strahlte neben den anderen Lampen. Im Laufe des Tages brannten alle anderen Lichter aus.

Als abends die Tempelwächter kamen, wollten sie auch diese Lampe löschen. Aber die Flamme ging nicht aus. Sie versuchten wieder das Feuer auszumachen, vergeblich. Da sagte der Buddha: ›Ihr werdet diese Öllampe nicht löschen können, denn die alte Frau hat sie mir mit all ihrer Liebe geschenkt. Darum wird sie brennen und ihr könnt das Feuer nicht löschen.‹

Die Frau wollte nicht mehr Öl für sich selbst haben. Sie hat es für den Buddha gespart. Sie hat ihre Gier überwunden. Für sie bedeutete das: Sie wird dadurch eine bessere Wiedergeburt haben. Und der Buddha hat dadurch ein schönes Licht.«

Auch die Buddhisten glauben an die Wiedergeburt

So wie auf den Tag die Nacht folgt und wieder ein Tag, so folgt auf das Leben der Tod und wieder ein Leben und immer so weiter. Für die Buddhisten ist das Nirvana das Ziel. Die Gier der Menschen und das Leiden in der Welt haben dann ein Ende. Man muss sich vor nichts fürchten, auf nichts hoffen. Dann gibt es keine Gier und keine Rastlosigkeit mehr. Der Buddha hat seinen Schülern erzählt, wie sie leben sollen und was sie tun sollen. Buddhisten sagen: »Er hat das Rad der Lehre gedreht.« Das achtspeichige Rad ist ein Symbol für den Buddhismus.

Alle gingen nun in die Pagode hinein. Der Abt wurde nachdenklich. »Die Gier zu besiegen und Gutes tun, ist nicht immer einfach. Wir sollen versuchen, gütig zu sein und friedfertig zu handeln. Das heißt, wir sollen möglichst nicht lügen oder dummes Zeug reden. Wir sollen auch nicht über jemanden lästern oder über jemanden einen schlechten Witz machen. Das gilt sogar für unsere Gedanken. Unser ganzes Tun soll sittlich, das heißt anständig sein. Wir sollen nicht töten, nicht stehlen, auch nicht jemandem ein Bonbon wegnehmen. Alles, was wir tun, tun wir zum Wohl des anderen.«

»Aber wie schafft ihr das?«, fragte Marie. »Manchmal streite ich mit meinem Bruder und dann zieht er mich an den Haaren und dann nehme ich ihm sein Spielzeug weg.«

»Ja, so sind wir auch meistens«, gab der Abt zu. »Oft schaffen wir es nicht, uns in einen anderen Menschen einzufühlen. Und oft sind wir zu sehr abgelenkt, um uns auf das Richtige zu konzentrieren. Bing kommt hierher, um es zu lernen. Ganz wichtig ist es, sich selbst kennenzulernen. Immer brauchen wir Menschen um uns, das Radio oder der Fernseher läuft, das Telefon klingelt. Wir müssen immer etwas machen, sonst wird uns schnell langweilig. Wir spielen lieber mit anderen, als allein zu sein.« Der Abt machte eine Pause. Langsam und bedächtig fügte er hinzu: »Aber manchmal ist es auch schön, allein zu sein. Einfach mal in den Himmel zu schauen und die Wolken zu beobachten. Und nur wenn wir ganz leise sind, hören wir die Vögel zwitschern oder die Blätter im Wind rauschen. Ein Meister hat mal gesagt: ›Alles Übel dieser Welt entsteht dadurch, dass der Mensch nicht allein mit sich in einem Zimmer sein kann.‹«

Sie stiegen die Stufen hinauf und kamen in einen geräumigen Vorflur. Jede Menge Schuhe standen hier. »Ich möchte auch euch bitten, eure Schuhe auszuziehen. Wir gehen in die große Gebetshalle«, sagte der Abt. »Da zeige ich euch, was wir hier lernen.«

Hier stand eine große Statue. Sie war ganz golden.

Es war eine Figur des Buddha. Der ganze Raum war mit Blumen geschmückt. Die Sonne kam durch und brach sich in den bunten Glasscheiben. Der ganze Raum begann zu leuchten. Es gab keine Bänke oder Stühle. Hinten im Raum lagen rote Matten gestapelt und runde Kissen. »Jeder holt sich eine Matte und ein Kissen«, sagte der Abt. »Ich zeige euch, wie wir Gelassenheit lernen.«

Die Kinder, Bings Vater und der Abt legten die Matten in einen Kreis. Sie legten ihr Kissen auf die Matte und setzten sich darauf. Der Abt stellte Blumen in die Mitte. Bing brachte noch eine Klangschale und eine Perlenkette.

»Wenn wir auf dem Kissen sitzen, versuchen wir ganz still und ruhig zu werden und achtsam zu sein.«

»Was heißt achtsam?«, fragte Marie.

»Achtsam bedeutet, dass du nur eine Sache machst und nicht eine andere Sache gleichzeitig. Wenn du isst, dann sollst du wirklich nur essen und ganz darauf achten, ob du gerade Erdbeermarmelade oder Honig auf deinem Brötchen hast. Wenn du Hausaufgaben machst, dann mache wirklich nur deine Aufgaben und höre nicht auch noch Musik.«

»Wenn ich bei den Hausaufgaben keine Musik höre, fehlt mir etwas«, sagte Marie. »Dann ist es so still.«

»Das stimmt! Es ist gar nicht so einfach«, sagte der Abt. »Deshalb üben wir diese Achtsamkeit in der Meditation. Wenn wir also auf dem Kissen sitzen, wollen wir nur auf dem Kissen sitzen und nichts anderes tun.«

Mala, die buddhistische Gebetskette

Eine Mala besteht meistens aus 108 Perlen. Während der Meditation lassen einige Buddhisten die Gebetskette durch die Finger gleiten. Sie sprechen bei jeder Perle ein Mantra. Manche Buddhisten zählen jedes gesprochene Mantra und sammeln damit Verdienst an, der ihnen zu einem guten späteren Leben verhilft.

Der Abt setzte sich ganz aufrecht und überkreuzte die Beine wie im Schneidersitz. »Stellt euch vor, eure Wirbelsäule ist eine Säule aus Münzen und an eurem Kopf ist ein Faden, der euch in die Höhe zieht. Die Hände legen wir auf die Oberschenkel. Das ist die Sitzhaltung, in der wir Buddhisten meditieren.«

»Und was machen wir dann?«, fragte Jakob.

»Könnt ihr euch vorstellen, nichts zu machen und an gar nichts zu denken? Wir versuchen, ganz ruhig zu werden. Dazu schauen wir auf einen schönen Gegenstand.« Er zeigte auf die Blumen, die in der Mitte standen. »Ich werde gleich dreimal an diese Schale schlagen und dann wollen wir versuchen, nur auf diese Blumen zu sehen und an nichts zu denken.« Niemand sprach mehr. Selma rückte noch einmal unruhig auf ihrem Kissen hin und her. Marie sah zur Buddha-Statue. Es wurde ruhig in der Halle. Der Abt schlug die Klangschale. Ein heller Ton erfüllte den großen Raum und schwang nach. Noch einmal und noch einmal berührte der Abt die kleine Schale. Als der Ton verklungen war, legte er vorsichtig den Klöppel in die Klangschale hinein und legte seine Hände auf die Oberschenkel. Mit unbeweglichem Gesicht haftete sein Blick auf den Blumen.

Nach einer kleinen Weile ertönte wieder die Klangschale. Der Abt schaute in die Runde: »Na, wie war's? An was denkt ihr gerade?«, fragte er.

Jakob sagte: »Ich hab gerade daran gedacht, dass nachher mein Lieblingsfilm im Fernsehen kommt.«

Marie erzählte: »Und ich musste an meine Oma denken, die kommt morgen zu Besuch.«

»Ihr seht, es ist ganz schön schwierig für uns, an nichts zu denken, nicht wahr?«, sagte der Abt. »Wir denken an gestern, an nachher, an morgen. Immer kommt uns ein Gedanke in den Kopf.

Der Buddha wusste, dass es sehr, sehr schwer ist, diese Ruhe zu finden. Wir sind ständig abgelenkt. Deshalb meditieren wir täglich und üben es, diese innere Ruhe

Meditation als Schlüssel zur Achtsamkeit
Es gibt im Buddhismus verschiedene Arten zu meditieren. Man kann den eigenen Atem beobachten oder den Blick auf einen schönen Gegenstand richten: eine Figur des Buddha, einen Stein oder eine Blume. Manche Buddhisten meditieren auch mit geschlossenen Augen. Für den Anfänger ist das jedoch schwierig, weil man leicht dabei einschlafen kann. Das Ziel jeder Meditation ist es, ruhig zu werden, aber gleichzeitig dabei wach zu sein. Dabei kann es helfen, ein Bild des Buddha vor sich zu haben.
Viele besinnen sich auch vorher auf die drei kostbaren Juwelen, die es im Buddhismus gibt: erstens die Verehrung des Buddha und zweitens die Verehrung seiner Lehre. Die Lehre nennt man Dharma. Und drittens die Gemeinschaft aller Buddhisten. Sie heißt Sangha.

zu erlangen. Ich glaube, es ist das Geheimnis des buddhistischen Weges: die vier Wahrheiten vom Leid zu erkennen und sich nicht aus der inneren Ruhe und Gelassenheit bringen zu lassen. Das ist in unserer hektischen Welt ganz schön schwierig. Der Buddha hat uns deshalb einen Rat gegeben: Bevor der eine Gedanke zu Ende ist und der neue anfängt, ist eine kleine Lücke. Versucht diese Lücke zu verlängern. Das ist Meditation. Wenn ein

Gedanke kommt, heißt ihn willkommen. Ärgert euch nicht, dass ein Gedanke kommt. Lasst ihn vorbeiziehen wie eine Wolke und schaut ihm nach. Aber haltet den Gedanken nicht fest oder grübelt über ihn nach, sondern lasst ihn zerplatzen wie einen Luftballon. So werden wir gelassen.«

Selma fragte: »Diese Gelassenheit ist also eine Möglichkeit, die Geheimnisse der Welt zu erkennen?«

Der Abt nickte. »Wir entdecken so das Geheimnis, dass Leid und Gier nicht wichtig sind. Wir entdecken, was wirklich zählt: jeden Augenblick gelassen und heiter zu erleben.«

WIE MEDITIERT MAN?

Einfach nur dasitzen ...

Versucht einmal, gar nichts zu machen. Einfach nur dazusitzen, ganz leise und ruhig, nicht zu reden, nichts zu denken. Ist das möglich? Achtet einmal darauf, welche Geräusche ihr hört, wenn ihr ganz leise seid: ein Auto auf der Straße, die Musik in der Nachbarwohnung oder das Reden im Treppenhaus, vielleicht auch einen Vogel, der im Garten singt?

WARUM SOLL ICH GUTES TUN?

Wieder war eine Woche vergangen. Es war Freitag, das Wochenende stand bevor.

»Eine Packung von denen da«, sagte Bing und zeigte auf die roten Bonbons.

»Das macht eins fünfzig«, sagte Frau Müller im Kioskhäuschen. Bing gab ihr einen Fünfeuroschein, nahm das Wechselgeld und die Bonbons und steckte rasch eines in den Mund. Die schmeckten so schön nach Kirsche. Bing schmatzte genüsslich. Plötzlich machte es leicht »kling«. Eine Münze aus seinem Wechselgeld war hinuntergefallen. Bing hob sie schnell auf und zählte das Geld. Er zählte noch mal und dann wieder: Es war zu viel. Frau Müller musste sich verrechnet haben oder sie hatte eine Zweieuromünze mit einer Eineuromünze verwechselt. Bing hob den Kopf, dann drehte er sich um und ging zum Kiosk. »Sie haben mir zu viel Wechselgeld gegeben«, sagte er.

»Zeig mal her.« Frau Müller zählte ein Mal und zwei Mal und sagte: »Du hast recht. Ein Euro zu viel. Ich schenk ihn dir.« Bing war verblüfft, lachte und trabte um die Ecke.

Am Nachmittag traf er die anderen und erzählte, was ihm passiert war. Marie guckte zum Kiosk hinüber: »Das war ja richtig nett von Frau Müller, dass sie dir einen Euro geschenkt hat.«

Parvati fügte hinzu: »Und es war nett von Bing, dass er Bescheid gesagt hat. Er hätte das Geld auch einfach einstecken können.«

»Aber er hat Bescheid gesagt und Frau Müller hat ihm den Euro geschenkt. So hat es sich am Ende für Bing gelohnt«, erwiderte Marie.

Parvati warf ein: »Gutes tun lohnt sich halt immer!«

»Immer?«, fragte Marie. »Und wenn Frau Müller das Geld behalten und etwas Unfreundliches gesagt hätte?«

Jakob guckte unschlüssig von einer zur anderen: »Ich bin auch nicht sicher, ob sich Gutes einfach so ›lohnt‹.«

»Warum tust du dann Gutes?«, fragte Parvati.

Jakob dachte nach: »Schwierige Frage.«

»Also ich bringe den Müll raus«, sagte Marie, »weil sich dann meine Mutter freut.« Parvati grinste: »Dann hat es sich ja schon für dich gelohnt: Weil deine Mutter sich freut, freust du dich.«

»Ich habe ein anderes Beispiel«, sagte Jakob. »Neulich habe ich eine Schnecke mitten auf der Straße gesehen. Ich habe sie mit einem Stock auf ein Blatt gesetzt und dann in das Gebüsch gebracht. Es war ein bisschen eklig, aber ich wollte ihr helfen. Für mich hat sich das nicht gelohnt, aber ich fand es richtig. So wurde die Schnecke nicht überfahren.«

»Natürlich hat sich das für dich gelohnt«, sagte Bing. »Du hast einem Lebewesen das Leben gerettet. Das vermehrt deine guten Taten.«

»Was heißt das denn?«, fragte Marie.

»Gute Taten sammeln sich an und helfen zu einer besseren Wiedergeburt«, erklärte Bing.

Marie sagte: »Bäh, und durch die Hilfe einer Schnecke? Ich finde Schnecken sehr eklig. Das war sehr mutig, dass du ihr geholfen hast. Wir Christen glauben nicht an eine Wiedergeburt. Gott schenkt uns unser Leben genau ein Mal. Ich stelle mir vor, Gott freut sich über etwas Gutes. Als Frau Müller Bing das Wechselgeld geschenkt hat, hat Gott sich bestimmt auch gefreut und gelacht.

Und am Ende des Lebens schenkt Gott den Menschen für die guten Taten sein Paradies.«

Jakob schaute auf die Uhr. »Wir treffen uns nachher bei mir. Da könnt ihr etwas Besonderes erleben.«

Gute und schlechte Taten

Christinnen und Christen glauben, dass Gott unsere Taten sieht. Manche sagen sogar, er steckt in den Menschen oder auch Tieren, denen wir helfen.
Eines Tages wird sich Gott alles angucken, was Menschen Gutes und nicht so Gutes getan haben, und er freut sich über jede gute Tat.
Muslime und Juden glauben ganz ähnlich, dass sich Gott jede gute und schlechte Tat ansieht.
Buddhistinnen und Buddhisten glauben nicht an Gott. Gute Taten helfen ihnen im nächsten Leben zu einer guten Wiedergeburt.

Judentum

»Guten Tag«, sagte Parvati höflich, als Jakobs Mutter ihr die Tür öffnete.

»Schalom, Parvati«, sagte Jakobs Mutter.

Parvati fragte: »Heißt das ›Guten Tag‹?«

Frau Birnbaum lachte: »Fast. Du kannst es benutzen wie ›Guten Tag‹. Ich sehe dich und rufe: ›Schalom.‹ Und dann kannst du mir antworten ›Schalom!‹. Wenn man es direkt übersetzt, heißt es einfach ›Frieden‹. Und das heißt, ich wünsche dir, Parvati, Frieden mit Gott und in dieser Welt.«

»Danke«, sagte Parvati.

»Huch, was ist das?« Marie zeigte auf ein fingergroßes Kästchen an der Tür.

»Euch fällt ja schon am Eingang viel auf«, sagte Frau Birnbaum. »In diesem Kästchen ist ein kleiner Zettel mit Worten aus unserem heiligen Buch. Aber kommt erst mal herein. Jakob hat ja schon angedeutet, dass ihr etwas Besonderes miterleben dürft.«

Drinnen im Wohnzimmer war es am späten Nachmittag ein wenig dämmrig. Aus der Küche roch es lecker.

Herr Birnbaum, Jakob und seine Schwester standen schon um einen Tisch herum. Jakob flüsterte den Freunden zu: »Gleich fängt der Schabbat an.«

Gott ist immer da
Kleine fingergroße Kästchen mit Schriftkapseln an der Tür nennt man Mesusa. Auf einer kleinen Schriftrolle steht unter anderem: Höre, Israel, der Ewige ist unser Gott, der Ewige allein.
»Der Ewige« ist ein Wort, das von Jüdinnen und Juden für Gott benutzt werden kann. Gott hat bei Jüdinnen und Juden einen eigenen Namen. Aber sein Name darf nicht ausgesprochen werden. Daher benutzen sie oft andere Worte. »Der Ewige« ist eins davon.
Gott, der Ewige, hat geboten, dass Juden diese Worte an ihren Türpfosten nageln. Deshalb befestigen viele Juden die Worte in Schriftkapseln am Türrahmen.

Als alle am Tisch waren, gingen die Eltern zu Jakob und seiner Schwester und legten ihnen die Hände auf die Köpfe. Frau Birnbaum erklärte: »Wir segnen Jakob und seine Schwester Rahel, damit Gott ihnen hilft.« Frau Birnbaum zündete zwei Kerzen an und sprach ein hebräisches Gebet. Dabei legte sie ihre beiden Hände erst halb über die Kerzen und dann eng vor ihr eigenes Gesicht. Dann sagte sie: »Amen. Schabbat Schalom.« Herr Birnbaum sprach etwas und hielt die Hand über einen Becher. Am Ende sagten alle »Amen«. Die Erwachsenen, Jakob und seine Schwester tranken von dem Wein aus dem Becher und aßen danach ein kleines Stück von dem

Brot. »Schabbat Schalom!«, sagte Herr Birnbaum und Jakob sagte: »Jetzt ist der Schabbat endlich da.«

»Was bedeutet ›Schabbat Schalom‹?«, fragte Bing.

»Schalom habe ich schon Parvati erklärt, es bedeutet ›Frieden‹ und wir gebrauchen es als Begrüßung«, antwortete Frau Birnbaum, »Schalom ist die Begrüßung. Schabbat ist der Samstag. Wir begrüßen also heute, am Freitagabend, den Samstag.«

Der Tagesbeginn im Judentum
Für Jüdinnen und Juden beginnt jeder neue Tag am Abend und endet am nächsten Abend. Der Samstag beginnt also am Freitagabend. Der Sonntag beginnt am Samstagabend und so weiter. Den Übergang von einem Tag zum anderen bildet jeweils der Sonnenuntergang.

Marie fragte: »Ist denn der Samstag etwas so Besonderes?«

Jakob nickte: »Gott hat diesen Tag zu einem heiligen Tag gemacht, weil er sich an diesem Tag ausgeruht hat. Jetzt dürfen wir uns auch einen Tag lang ausruhen.«

»Wie unser Sonntag«, sagte Marie.

»Genau«, sagte Herr Birnbaum, »wir haben den siebten Tag der Woche gewählt. Deshalb heißt er auch Schabbat. In der hebräischen Sprache heißt »Schewa«

»sieben«. Daraus ist dann das Wort Schabbat entstanden. Ihr habt euch den ersten Tag der Woche ausgesucht. Damals war das noch eine besondere Idee, heute haben ganz viele Völker diese Idee übernommen.« Er lächelte zufrieden: »Am Schabbat ist endlich einmal in der Woche Ruhe. Da wird nicht gearbeitet, nicht gekocht, es gibt vorbereitetes Essen, alle dürfen sich ausruhen. Wir schlafen aus, beten im Gottesdienst, lesen etwas über Gott und haben viel, viel Zeit, um miteinander zu reden oder auch zu spielen. So viel Ruhe hat man sonst in der ganzen Woche nicht. – Jetzt essen wir aber erst mal.«

Es gab ein herrliches Essen mit einer leckeren Vorspeise, einer Hühnersuppe, einem Hauptessen und zum Nachtisch Obst. Beim letzten Bissen stieß Bing Jakob an: »Hat der Samstag etwas mit eurem Geheimnis zu tun?« Jakob wiegte den Kopf und sagte: »Eher mit unserem Buch.«

»Kommt doch morgen wieder«, sagte Frau Birnbaum, »dann erzählen wir euch von unserem heiligen Buch und feiern mit euch das Ende des Schabbats.«

Der Schabbat ist der Ruhetag

Der Schabbat ist für Juden eine Zeit, die anders ist als alle anderen Zeiten. Keiner muss einkaufen, keiner muss Auto fahren. Viele machen nicht einmal Licht an, damit auch das nicht zur Arbeit wird. Für das Licht haben sie eine Zeitschaltuhr eingestellt, die nimmt ihnen das Lichtknipsen ab.

Stell dir einmal vor, du könntest dich so sehr ausruhen, dass du nicht einmal Licht anschalten müsstest. Deine Eltern bräuchten nichts zu erledigen. Alles wäre schon vorbereitet. Einmal in der Woche hätten alle, Kleine und Große, ganz viel Zeit mit der Familie und für Gott!

Am nächsten Nachmittag waren alle wieder da, um das Ende des Schabbats zu erleben. Frau Birnbaum hatte auf den Tisch ein Buch gelegt.

»Ist das euer besonderes Buch?«, fragte Bing. Jakob nickte und nahm es in die Hand. Als er es öffnete, klappte er es falsch herum auf.

»Andersrum!«, unterbrach ihn Parvati, aber Jakob ließ sich nicht beirren. Auf der ersten Seite hinten war eine dicke Überschrift zu sehen.

Bing guckte verblüfft: »Das ist ja gar nicht unsere Schrift.«

»Es sieht ein bisschen aus wie auf dem Kopf geschrieben«, stellte Parvati fest und Bing fragte: »Eine Geheimschrift?«

Marie kicherte: »Eine Geheimschrift, die hinten im Buch anfängt?«

Jakob sagte: »Nein, das stimmt nicht. Das ist einfach nur eine andere Schrift. Sie heißt Hebräisch. Ich lese sie nicht von links nach rechts, wie sonst, sondern von rechts nach links.« Er zeigte beim Lesen in die falsche Richtung. »Und deshalb klappt man auch das Buch andersherum auf.« Jakob zeigte ihnen ein paar Wörter:

Beispiele für die hebräische Schrift

Das folgende Wort heißt Jakob:

יעקב

Und so schreibt man David:

דוד

Dieses Wort heißt Mirjam:

מרים

Und dieses Wort heißt Jerusalem, das ist die berühmteste Stadt des Landes Israel:

ירושלים

Maries Blick war inzwischen auf eine Vitrine gefallen, in der ein merkwürdiger Teller stand: Wofür der gut sein mochte? Aber bevor sie danach fragen konnte, fuhr Jakob fort: »Unser wichtigstes Buch ist ganz in dieser

Schrift geschrieben: die Thora. Im Gottesdienst wird es vorgelesen. In ein paar Jahren lerne ich, die Schrift richtig flüssig zu lesen und auch für den Gottesdienst vorzusingen. Dann gibt es ein großes Fest, bei dem ich vor der ganzen Gemeinde einen Abschnitt vorlesen darf. Das ist meine Bar Mitzwa.«

Frau Birnbaum sagte: »Dann laden wir auch alle deine Verwandten ein.«

Bar Mitzwa und Bat Mitzwa

Ein jüdischer Junge feiert mit 13 Jahren ein großes Fest in der Gemeinde. Denn in diesem Alter darf er das erste Mal einen Text aus der Thora auf eine besondere Weise vorsingen. Das ist gar nicht so einfach. Daher müssen die Kinder zunächst lernen, die fremde Sprache zu lesen, sie zu verstehen und schließlich zu singen.

Die große Feier beim ersten Vorsingen heißt Bar Mitzwa. Das heißt »Sohn des Bundes«. Damit ist gemeint, dass der Junge wie die Großen nun zum Bund Gottes mit seinem Volk Israel dazugehört. Er wird nun mit allen Rechten und Pflichten wie ein Erwachsener behandelt. Die Mädchen feiern in der Regel ein Jahr früher in vielen jüdischen Gemeinden ein eigenes Fest, Bat Mitzwa. Das heißt »Tochter des Bundes«.

Jakob nickte. Frau Birnbaum wandte sich wieder dem Buch zu und fuhr fort: »Dieses Buch und seine Worte sind für uns sehr wichtig. Es handelt davon, wie Gott sich unserem Volk zuwendet und ihm hilft. Er hat sich besondere Menschen aus unserem Volk ausgesucht und mit ihnen gesprochen. Durch diese Menschen gab er unserem Volk bestimmte Aufgaben und Gebote. Es wird erzählt, dass der Inhalt dieses Buches von Moschäh vor vielen Tausend Jahren aufgeschrieben wurde. Wenn ihr wollt, erzähle ich euch die Geschichte, wie Moschäh geboren wurde, und wo er lesen und schreiben lernte:

Damals war unser Volk Israel in Gefangenschaft im Land Ägypten. Alle aus dem Volk mussten sehr hart arbeiten, um die Häuser und Paläste der Ägypter aus Lehmziegeln zu bauen. Aber obwohl alle so viel arbeiten mussten, kriegten die Frauen viele Kinder. Wir wurden mehr und mehr. Da machten sich die Ägypter Sorgen und sie dachten: ›Nachher wird das Volk Israel größer als wir. Es wird sich mit unseren Feinden verbünden und uns besiegen. Wir müssen aufpassen.‹ Da hatte der Pharao, der König der Ägypter, eine Idee: ›Wenn ein Junge bei den Israeliten geboren wird, muss er sterben. Wenn wir alle Jungen töten, werden die Israeliten immer weniger Menschen. Dann bleiben wir die stärkeren.‹

In dieser Zeit wurde ein kleiner Junge geboren. Die Eltern hatten Angst um ihn. Bestimmt wollten ihn die Leute des Pharaos töten. Sie versteckten den Jungen, damit ihn niemand fand. Aber nach drei Monaten schrie das kleine Baby lauter und lauter. So konnte es nicht mehr geheim bleiben. Sie mussten etwas unternehmen. Also machten die Eltern ein Körbchen aus Schilfrohr und verklebten es mit Harz. Dann legten sie das Kind hinein und ließen es zwischen dem Schilf dicht am Ufer des großen Flusses Nil schwimmen. Die Schwester des kleinen Jungen stellte sich in die Nähe und sah zu, was wohl passieren würde. Als das Körbchen dort schwamm, kam eine Prinzessin des Pharao mit ihren Dienerinnen und Freundinnen zum Ufer. Sie hörte das Kind schreien und sah das Körbchen. Sie winkte eine Dienerin her: ›Hol mir das Kästchen!‹ Dann öffnete sie es und sah das kleine Baby. Das Kind weinte und es tat der Prinzessin leid: ›Bestimmt gehört es zu den Leuten vom Volk Israel.‹ Das Kind schaute sie ganz lieb an. Da beschloss sie, es zu retten und es als ihr eigenes anzunehmen. Die Schwester des Jungen hatte alles gesehen und gehört, was passiert war. Sie kam hervor und sagte: ›Ich kenne eine Frau, die dem Kind zu trinken geben kann.‹ So kam es, dass der Kleine wieder zu seiner eigenen Mutter gebracht wurde und von ihrer Milch bekam. Als er größer war, musste er jedoch an den Hof des Pharao, als Adoptivkind der Prinzessin. Dort hatte er sehr gute Lehrer. Als er alt genug war, lernte er dort Lesen und Schreiben.« Jakob guckte in die Runde und fuhr fort: »Später kam Moschäh wieder zurück zu seinem Volk. Er hat schließlich mit all seinem Wissen unser Volk aus der Gefangenschaft gerettet und die Regeln Gottes für unser Volk aufgeschrieben. Aber das ist eine andere Geschichte.«

»Ich kenne die Geschichte«, sagte Marie. »Ich habe davon im Kindergottesdienst gehört. Wir haben immer von Mose geredet.«

Frau Birnbaum nickte. »Genau! Wir sagen Moschäh und ihr sagt Mose. Ihr sagt sogar zu den Büchern der Thora ›fünf Bücher Moses‹.«

»Wir kennen Moschäh auch«, sagte Selma, »er ist ein großer Prophet.«

Das Zehnwort oder die Zehn Gebote

Moschäh sprach viel mit Gott und brachte später dem Volk das Zehnwort. Christen nennen es auch »die Zehn Gebote«. Gott schloss damals ein Bündnis. Er versprach, sich besonders um sein Volk zu kümmern. Und das Volk sollte seine Regeln einhalten. Gott hielt fest: »Ich bin der Ewige, dein Gott. Ich habe dich aus Ägypten befreit. Du wirst keine anderen Götter haben und dir kein Bildnis von mir machen. Du wirst sorgsam mit meinem Namen umgehen. Du wirst den Schabbat als Ruhezeit einhalten. Du wirst deine Eltern nicht im Stich lassen. Du wirst nicht töten, keine Ehe zerstören, nicht stehlen und nichts Falsches über andere sagen. Du wirst nicht etwas begehren, was anderen gehört.« Das Zehnwort wurde auf zwei Steintafeln festgehalten.

Maries Blick fiel wieder auf den eigenartigen Teller in der Vitrine. Jetzt fragte sie schnell dazwischen: »Was ist das da für ein Teller?«

»Dieser Teller gehört zum Sederabend«, erklärte Frau Birnbaum. »Es ist der erste Abend unseres großen Pessachfestes. Auch dabei spielt Moschäh eine Rolle. An diesem Abend erinnern wir uns, wie unser Volk befreit wurde. Gott hat unser Volk ausgewählt: Als es uns schlecht ging, hat er beschlossen, uns zu befreien.

Obwohl das schon mehr als 3000 Jahre her ist, ist es für uns, als ob all das gerade heute geschieht. Deshalb will ich es euch erzählen, als ob unsere Familie dabei gewesen wäre:

Es war zu der Zeit von Moschäh. In Ägypten wurden wir noch immer sehr unterdrückt. Wir riefen: ›Gott hilf uns!‹ Aber hörte uns Gott überhaupt?
Moschäh war damals nicht mehr bei uns. Nach seiner Erziehung in Ägypten war er lange in einem anderen Land gewesen. Er hatte dort geheiratet, hatte als Hirt gearbeitet und viele Gebiete von der Wüste kennengelernt. Viel später erfuhren wir, dass Gott ihm in der Wüste begegnet war. Gott hatte beschlossen, uns zu helfen. Er gab Moschäh den Auftrag, uns aus Ägypten zu retten.
Moschäh kam wegen des Auftrags wieder zurück und gemeinsam mit seinem Bruder Aaron ging er zum Pharao. Sie traten vor ihn und verlangten: ›Gib unser Volk frei, damit wir aus Ägypten heraus in die Freiheit ziehen können!‹ Aber der Pharao hörte nicht auf das, was Moschäh sagte. Immer wieder ging Moschäh zum Pharao, damit er uns freilassen sollte. Gott half ihm, indem er wundersame Dinge geschehen ließ, um Moschäh zu unterstützen. So wurde ein Stab zu einer Schlange, Wasser wurde zu Blut, viele Frösche kamen plötzlich. Neun verschiedene Wunder und Plagen ereigneten sich, aber es nützte nichts. Der Pharao entschied, dass wir nicht fortgehen durften.

Für die zehnte wundersame Plage gab Gott uns einen Hinweis, uns in ganz besonderer Weise vorzubereiten: Wir sollten ein Lamm schlachten, um es in der Familie und mit Nachbarn zu essen. Das Blut des Lamms sollten wir an die Türrahmen streichen. Und wir sollten uns fertig machen wie für eine Reise mit Wanderstock, Schuhen und Gürtel. Zum Essen gab es nur ungesäuertes, hartes Brot.

Ungesäuertes Brot
Normalerweise wird Brotteig so gemacht, dass er säuert. Durch die Säuerung wird er weich und die vielen kleinen Lufträume im Brot entstehen. Dieser Vorgang braucht aber viel Zeit. In dieser Nacht, von der uns hier berichtet wird, fehlte diese Zeit. Es wurde nur ungesäuertes Brot verwendet. Wenn feierlich an dieses Ereignis gedacht wird, wird auch von Juden heute nur ungesäuertes Brot gegessen. Im ganzen Haus wird sogar jeder letzte Krümel von gesäuertem Brot entfernt.

In dieser Nacht, um Mitternacht, passierte etwas Schreckliches. Alle, die in einer ägyptischen Familie als erste Kinder geboren wurden, starben. Aber von unserem Volk starb niemand, weil wir die Türrahmen mit Blut bestrichen hatten. Das war so furchtbar, dass

die Ägypter zu uns gingen und sagten: ›Ihr müsst ganz schnell aus diesem Land weggehen. So etwas soll nicht wieder geschehen.‹ Wir waren die ganze Nacht mit dem Wanderstock in der Hand wach geblieben und deshalb waren wir reisefertig. So gingen wir ohne weitere Vorbereitung sofort los und trugen den ungesäuerten Brotteig auf unseren Schultern. Auf dem Weg backten wir aus diesem Teig trockenes Brot und aßen es. Wir gingen auf die Grenze von Ägypten zu.
Von nun an führte uns Gott: Am Tag ging er in einer Rauchsäule vor uns her und in der Nacht in einer Feuersäule. Wir waren schon ein gutes Stück vorangekommen, als die Soldaten des Pharao plötzlich mit Streitwagen hinter uns herkamen. Wir waren entsetzt, denn wir standen gerade am Ufer des Schilfmeeres und konnten nicht weglaufen. Da hob Moschäh seinen Stab, ein Ostwind kam und das Wasser wich zurück. Es stand wie eine Mauer rechts und links aus Wasser. Wir gingen durch das Meer hindurch bis zum anderen Ufer. Als aber die Ägypter ebenfalls durch das Wasser wollten, hob Moschäh seinen Stab und das Wasser kehrte zurück. Wir waren gerettet.
Jedes Jahr zur Feier des Sederabends denken wir an diese Ereignisse zurück und freuen uns, dass uns Gott gerettet hat. Um uns daran zu erinnern, essen und trinken wir ganz bestimmte Dinge. Diese Dinge werden auf den Teller mit den Mulden gelegt, nach dem Marie vorhin gefragt hat.«

Das Pessachfest
Der Sederabend ist der erste Abend des Pessachfestes. Das Pessach- oder Passahfest, wie es auch heißt, beginnt in der Regel kurz vor dem christlichen Osterfest. Jüdinnen und Juden erinnern sich, wie ihr Volk aus Ägypten gerettet wurde.

Marie sagte: »Auf dem Teller ist wieder diese Schrift.«

Frau Birnbaum nickte: »Auf dieser Mulde steht ›Lamm‹. Wir essen etwas Fleisch von einem Knochen, um uns an das Lamm zu erinnern, das damals in den Familien geschlachtet wurde. Viele nehmen einfach einen Hühnerknochen. Der kommt in die erste Mulde.«

»Guckt mal, in der Mulde sind Kräuter als Verzierung gemalt«, sagte Parvati.

»Wir essen etwas Erdkräuter, wie Petersilie, die direkt aus der Erde wächst, um uns zu erinnern, wie armselig erdig das Essen war, das unser Volk damals aß. Das ist in der zweiten Mulde.

In der dritten Mulde sind bittere Kräuter. Wir essen bittere Kräuter, wie Rettich, weil die Zeit damals so bitter war. Dann essen wir ein bräunliches Mus, das uns an die Bauziegel erinnert, die wir damals für die Ägypter formen mussten. Das ist Mulde Nummer vier. Dazu gibt es ein hart gekochtes Ei, das uns an alte Festopfer erinnert. Es gibt auch Leute, die sagen, es erinnert an die Zerbrechlichkeit menschlichen Lebens. Das liegt in der fünften Mulde. Wir tunken das Essen in Salzwasser, um uns daran zu erinnern, wie viele salzige Tränen unser Volk dort geweint hat. Das ist entweder in

einer sechsten Mulde oder in einer eigenen Schale. All diese Erinnerungs-Essen sind an diesem Abend auf unserem Tisch. Dazu gibt es das ungesäuerte Brot, wie wir es damals gegessen haben. Es kann an die Eile erinnern. Ach ja, und aus Freude über die Befreiung gibt es vier Becher mit Wein.« Jakob schüttelte den Kopf. »Für mich nur einen ganz kleinen Schluck. Aber ich darf etwas anderes Wichtiges tun. Ich darf jedes Jahr auf Hebräisch eine Frage stellen: Was ist in dieser Nacht anders als in allen anderen Nächten? Und dann erzählt mein Vater die Geschichte, von der ihr eben gehört habt.«

Das Chanukkafest
Neben dem Pessachfest gibt es noch andere große Jahresfeste im jüdischen Glauben. Eins davon ist das Chanukkafest. Beim Chanukkafest werden in Erinnerung an den Tempel in Jerusalem und seine Reinigung acht Tage lang je eine neue Kerze an dem Leuchter angezündet, bis am achten Tag acht Kerzen brennen. Das Fest findet im Dezember statt, wenn die Christinnen und Christen Advent feiern.

Inzwischen war es schon wieder dämmrig im Zimmer geworden. Jakob seufzte einmal: »Gleich ist der Schabbat vorbei.«

Frau Birnbaum nahm eine geflochtene Kerze und zündete sie an. Herr Birnbaum kam mit einer Weinflasche, dem Becher und einer Dose herein. Er füllte den Becher so hoch mit Wein, dass er in die Untertasse überfloss, und sagte ein paar Worte. An der Dose durfte jeder einmal riechen. Sie war mit Kräutern gefüllt. Parvati roch lange. Frau Birnbaum erläuterte: »So nehmen wir etwas von dem schönen Geruch des Schabbats in die Woche.« Herr Birnbaum dankte Gott, löschte mit dem übergelaufenen Wein die Kerze und reichte den Becher seiner Frau und den Kindern. Jakob seufzte noch einmal und sagte: »Jetzt ist der Schabbat vorbei.«

»Gehen wir auch in euer Versammlungshaus?«, fragte Bing und sah Jakob an.

»Das ist am Sonntag dran«, sagte Herr Birnbaum.

Im Judentum gibt es viele Gebote und Regeln
Jüdinnen und Juden glauben, Gott hat ihr Volk ausgewählt und ihnen besondere Weisungen und Regeln geschenkt. Diese Regeln werden am Schabbat und auch im alltäglichen Leben befolgt, zum Beispiel beim Essen. Dazu gehört es, die Schabbatkerzen anzuzünden. Ebenso das Verhalten im Versammlungshaus, der Synagoge. Die Juden halten viele Regeln und Gebote Gottes, weil sie Gott so etwas von seiner Liebe zurückgeben wollen.

Am Sonntagnachmittag trafen sie sich mit Herrn und Frau Birnbaum. Nach einer kurzen Fahrt mit der Straßenbahn kamen sie zu einem ganz normalen Haus. »Hier ist der Eingang zur Synagoge, unserem Versammlungshaus«, sagte Herr Birnbaum. Bing guckte erstaunt: »Das sieht gar nicht so besonders aus.«

»Eine richtige Synagoge ist sehr teuer«, erklärte Jakob. »Wir haben hier nur 60 Gemeindemitglieder, da reichen ein paar Räume in einem ganz normalen Haus.«

»Guck mal, da ist ja eine Kamera vor dem Eingang«, sagte Bing.

Juden und Jüdinnen wurden verfolgt
Leider gibt es Menschen, die Jüdinnen und Juden nicht mögen. Einer dieser Menschen war Adolf Hitler. Er versuchte, alle Juden zu töten. Viele Menschen haben ihm dabei geholfen. Einigen Juden gelang es, aus Deutschland zu fliehen oder sich zu verstecken. Lange Zeit gab es fast keine Juden mehr in Deutschland. Nachdem Hitler gestorben war, haben die meisten Menschen gemerkt, dass sie etwas Schlimmes gemacht haben. Deshalb gibt es inzwischen wieder viele kleine jüdische Gemeinden. Aber weil nicht alle verstanden haben, dass Hitlers Gedanken ganz schrecklich waren, müssen die Gemeinden heute noch aufpassen, dass man ihnen nichts Böses tut.

»Die ist hier zur Sicherheit«, stellte Herr Birnbaum fest. »Es gibt leider Menschen, die die Juden nicht mögen. Daher müssen wir aufpassen.«

Die ganze Gruppe ging hinein und im Flur sagte Herr Birnbaum laut: »Stopp, alle Jungen bekommen von mir eine besondere Kappe, die heißt Kippa.« Jakob hatte seine schon auf dem Kopf, Herr Birnbaum gab Bing eine und setzte selbst eine auf.

»Kann ich auch eine haben?«, fragte Selma.

»Eigentlich brauchen nur Jungen eine Kippa, aber

wenn du gern möchtest, kannst du auch eine aufsetzen«, sagte Frau Birnbaum.

Gemeinsam gingen sie in den Synagogenraum. Es gab viele Stuhlreihen und in der Mitte einen Tisch mit einer Lesefläche. Gegenüber stand ein großer Schrank mit einer Lampe daneben. Jakob zeigte auf den Schrank und sagte: »Das ist der Thoraschrein mit den kostbaren Rollen.«

Herr Birnbaum fragte: »Jakob, magst du mir helfen, den Schrein aufzumachen?«

Bevor er das tat, nahm Jakob ein Tuch und faltete es auseinander. Es war ziemlich groß, hatte blaue Linien und an den Enden lange Fäden. »Das ist mein Gebetstuch«, sagte er. »Wir nennen es Tallit. Bei bestimmten Gebeten ziehe ich es an, und wenn ich helfe, die Thorarolle aus dem Schrein zu holen.«

»Ein extra Kleidungsstück fürs Beten?«, fragte Bing.

»Ja, das kann man so sagen«, antwortete Jakob. Er nahm das Tuch, küsste einen der Fransen an den Enden, sprach ein kurzes Gebet und legte es sich über Kopf und Schultern, dann öffnete er die Tür. Im Schrank leuchteten mit Silber und Samt zwei große, eingehüllte Schriftrollen.

Herr Birnbaum hatte sich inzwischen auch einen Tallit über die Schultern gezogen. Er hob vorsichtig eine der Schriftrollen heraus und legte sie auf den Tisch in der Mitte der Stuhlreihen. Die Schriftrolle war auf zwei Stäbe gewickelt und schön eingehüllt. Herr Birnbaum zog die Hülle und die silbernen Verzierungen ab und rollte einen Abschnitt zum Lesen auf. Die Kinder stellten sich in einem Bogen um die Rolle. Sie war in derselben Schrift geschrieben wie das Buch zu Hause bei Birnbaums. Jakob nahm einen kleinen Stab, der einen Zeigefinger aus Silber am Ende hatte, und zeigte damit auf die handgeschriebenen Buchstaben.

Die Thora

Die Buchstaben auf einer Thorarolle sind nicht gedruckt, sondern von Hand geschrieben. Ein Schreiber hat dafür drei Jahre lang gearbeitet. Erst hat er die Tinte auf eine besondere Methode hergestellt, dann das lederne Papier. Dann hat er das Papier zu einer langen Rolle zusammengenäht. Schließlich hat er Buchstabe für Buchstabe alles aufgeschrieben. Ein zweiter Schreiber hat jeden Buchstaben überprüft, ob er auch richtig geschrieben wurde. Deshalb ist die Rolle sehr kostbar. Wenn man die Rolle neu kauft, kostet sie so viel wie ein teures Auto. Aber richtig kostbar wird sie erst durch das, was darinsteht.

»Feiert ihr mit dieser Schriftrolle Gottesdienst?«, fragte Marie.

»Genau«, sagte Jakob, »zu jedem Gottesdienst am Schabbat wird die Rolle herausgeholt und etwas daraus

vorgelesen. Wir feiern Gottesdienst normalerweise am Abend des Schabbat, den ihr schon bei uns zu Hause erlebt habt, oder am Samstagmorgen.«

Ein älterer Mann kam herein und sagte: »Wenn ihr am Schabbat zum Gottesdienst kommt, hört ihr die Worte aus der Schriftrolle in der ursprünglichen alten Sprache.« Der Mann begrüßte die Kinder. »Schalom. Ich bin von Beruf Rabbi, also Lehrer. Ich heiße Rabbi Berger. Ich erzähle jeden Schabbat, wie man die Thora richtig verstehen kann. Ich bin ein Ratgeber für die Gemeinde und helfe beim Gottesdienst.«

»Bist du eine Art Pfarrer?«, fragte Marie. Rabbi Berger sagte: »Ja und nein. Ja, weil ich als Rabbi auch die Thora erkläre. Nein, weil ein Gottesdienst auch problemlos ohne einen Rabbi stattfinden kann.«

Jakob stellte fest: »Wenn zehn Männer da sind, können die selbst einen Gottesdienst feiern.«

»Meine Hauptaufgabe ist«, fuhr Rabbi Berger fort, »viel in der Thora zu lesen und den Menschen dann von Gott zu erzählen und sie zu beraten.«

Jakob sagte: »Vielleicht können Sie uns beraten: Wir suchen nach den Geheimnissen, den Geheimnissen der Welt. Können Sie uns dazu etwas sagen?«

Rabbi Berger blickte Jakob lange an: »Den Geheimnissen kommst du auf die Spur, wenn du Gottes Wort immer und immer wieder liest. Seine Worte in der Thora sind eine Art Schlüssel für uns. Wartet, ich habe euch aus unseren Schriften einen kleinen deutschen Text mitgebracht. Es ist manchmal gar nicht so einfach, die alten Worte zu verstehen, man muss sie wieder und wieder lesen, man muss sie sich auf der Zunge zergehen lassen, bis man sie im Mund spürt. Irgendwann versteht man sie.« Rabbi Berger holte ein Buch hervor und las:

Ich gedenke der Tage von ureinst,
grüble all deinem Wirken nach, Gott,
die Tage deiner Hände besinne ich: –
ich breite meine Hände zu dir.
Eilends antworte mir, DU! …
Tu mir kund den Weg, den ich gehen soll,
denn zu dir hebe ich meine Seele.

Rabbi Berger sah auf: »Wenn ihr nicht alles gleich verstanden habt, macht das nichts. Man muss es eben wieder und wieder durchgehen, vorlesen und im Geist aufsagen. Dann kommt man Buchstabe für Buchstabe dem Geheimnis der Sätze auf die Spur. Und wenn man die alten Bücher liest, spürt man schließlich etwas von dem Geheimnis Gottes.

Denn für uns ist Gott, der Ewige, selbst das Geheimnis. Ein Geheimnis, das wir nicht aufdecken können, weil wir nur kleine Menschen sind. Und Gott ist so groß. Aber wir wissen, dass Gott sich sein Volk ausgesucht hat. Daher hat er Moschäh beauftragt, uns zu helfen, und uns seine Gebote gegeben, zum Beispiel den Schabbat einzuhalten. Manchmal ist es schön, von Gott ausgewählt zu sein und seine Weisungen zu haben. Manchmal auch nicht. Es gab Zeiten, da hatten wir das Gefühl, dass Gott uns nicht beschützt, zum Beispiel in der Zeit, als wir Sklaven in Ägypten waren. Es gab Zeiten, in denen haben wir durch ihn sehr Gutes erfahren wie die Befreiung aus der Sklaverei. Wir glauben, dass Gott auch bei uns ist, wenn wir schwierige Situationen erleben. Wir verstehen nicht immer, warum Gott so handelt, aber trotzdem sind wir sicher, dass er bei uns ist.«

Die fünf sahen dem Rabbi noch eine Weile nach, nachdem er sich von ihnen verabschiedet hatte.

WAS KOMMT NACH DEM TOD?

»Was sie wohl hat?« Vor den Kindern lag eine kleine Katze und bewegte sich nicht. Parvati nahm ein kleines Stöckchen und strich ihr über das Fell. »Sie ist gestorben.«

Marie ließ die Mundwinkel hängen. »Aber warum denn?« Die anderen zuckten mit den Schultern. Bing überlegte: »Vielleicht hat sie Mäusegift gegessen. Wir sollten sie begraben. Aber passt auf, dass wir sie nicht anfassen, vielleicht ist sie an einer Krankheit gestorben.«

Parvati fand einen leeren Karton in der Ecke und vorsichtig bugsierten sie die Katze in den Karton. Marie hatte inzwischen eine Schaufel geholt. Hinter dem Hochhaus gruben sie ein kleines Loch in die Erde und legten den Karton mit der Katze hinein. Dann schütteten sie alles wieder zu.

»Jetzt ist sie weg«, bemerkte Jakob. Marie schüttelte vorsichtig den Kopf: »Ich glaube nicht, dass sie einfach weg ist. Ich glaube, sie ist im Himmel.«

Parvati sah sie überrascht an: »Wieso im Himmel? Fliegt sie da oben? Was bedeutet ›im Himmel‹?«

Nun war Marie verblüfft: »Na ja, ich meine ...« Marie überlegte kurz, »Himmel heißt nicht, dass sie da oben zwischen den Wolken fliegt. Ich meine eigentlich nicht den Himmel mit Wolken. Ich wollte nur sagen, dass sie bei Gott ist.« Marie schaute sich etwas unsicher um.

Selma sprang ihr bei: »Marie meint mit dem Himmel nicht den Weltraum, sondern Himmel heißt einfach, dass die Katze Gott nah ist. Dort geht es ihr gut. Das ist alles.«

Parvati schüttelte den Kopf: »Ich glaube, der Katze geht es noch nicht gut. Sie wird wieder geboren und wieder sterben und wieder geboren werden und wieder sterben. Das ist der Kreislauf der Welt und des Leids.«

Jakob sagte: »Das hast du uns schon einmal erzählt. Erst wenn man genug Gutes getan hat, kommt man endlich aus diesem Kreislauf heraus.« Und Parvati fügte hinzu: »Dann ist man eines Tages in so etwas wie dem,

was ihr mit Himmel meint. Das gilt auch für die Katze und jedes andere Lebewesen.«

Bing schüttelte den Kopf: »Ich glaube nicht, dass irgendjemand in einen Himmel kommt. Ich glaube auch an den Kreislauf der Wiedergeburten. Wenn man am Ende den Kreislauf verlässt, nimmt man alles nicht mehr so wichtig. Pech steht neben Glück und Glück neben Pech und es ist nicht großartig, Pech zu haben, und es ist nicht großartig, Glück zu haben. Es ist, wie es ist.«

Selma stellte fest: »Das ist wirklich eine ganz andere Vorstellung. Ich glaube, dass die Katze und die Menschen in das Paradies kommen. Wir müssen nicht wiedergeboren werden, sondern sind alle fröhlich und zufrieden miteinander.«

Marie sagte: »So glauben wir Christen das auch. Kommt jetzt mit. Meine Mutter wartet schon auf uns.«

Was kommt nach dem Sterben?
Jede Religion macht sich Gedanken darüber, was nach dem Tod passiert. Die Ergebnisse dieser Überlegungen sind sehr verschieden. Die Mehrzahl von Juden, Christen und Muslimen glaubt, dass gute Menschen nach diesem Leben in ein Paradies kommen werden. Bei Buddhisten und Hindus steht nach dem Sterben die Wiedergeburt im Vordergrund. – Was glaubst du: Was ist nach dem Tod?

Christentum

MARIES GLAUBE ALS CHRISTIN

In Maries Wohnzimmer lag schon eine Kinderbibel auf dem Tisch aufgeschlagen. Alle Kinder setzten sich. Die Kinderbibel sah nicht mehr neu aus und Maries Mutter erzählte: »In dieser Kinderbibel habe schon ich als Kind gelesen. In der Bibel stehen viele Geschichten von Gott und den Menschen. Den ersten Teil nennen wir ›Altes Testament‹ und er handelt von dem Volk Israel und Gott.«

»Das kenne ich«, sagte Jakob, »diese Geschichten haben wir auch bei uns Juden!«

»Genau«, sagte Maries Mutter, »den zweiten Teil nennen wir ›Neues Testament‹. Diesen Teil haben nur wir Christinnen und Christen. Er handelt vor allem von Jesus, dem Christus.«

»Was ist ein Christus«, fragte Bing und Frau Schmidt erklärte: »Christus ist eine ganz besondere Bezeichnung. Es heißt ursprünglich ›Gesalbter‹. Man könnte statt Jesus, dem Christus, auch sagen: Jesus, der Gesalbte. Das bedeutet so viel wie Jesus, der König.«

»Hat das etwas mit Salbe zu tun?«, fragte Bing.

»Ja«, sagte Frau Schmidt, »bei uns in Deutschland wurden Menschen früher König, indem ihnen eine Krone aufgesetzt wurde. In Israel benutzte man keine Krone, sondern ihnen wurde ein bisschen Salböl vorsichtig auf den Kopf gegossen.«

Selma musste lachen: »Das ist eine lustige Idee.«

»So war das jedenfalls damals. Der wichtigste König war ein Friedenskönig, der den Menschen half und keinen Krieg führte. Jesus ist für uns noch wichtiger als der wichtigste König. Er ist der größte Friedenskönig und Helfer aller Menschen. Deshalb nennen wir ihn Jesus, den Gesalbten, also Jesus, den Christus. Er ist der Friedenskönig, der von Gott kommt«, erklärte Frau Schmidt weiter.

»Und warum? Was hat er denn so als König gemacht? Wie hat er Menschen geholfen?«, wollte Bing wissen.

»Er war kein König, den man auf Anhieb erkennen konnte. Er war ein geheimer König und erst nach seinem Tod haben das die Menschen verstanden. Er lebte als ein ganz einfacher Mensch und erzählte von Gottes Liebe. Viele Menschen kamen, um ihm zuzuhören und mit ihm zu sprechen.

Einmal erzählte er von einem jungen Mann, der nicht mehr bei seiner Familie bleiben, sondern die Welt kennenlernen wollte. Er ging zu seinem Vater und sagte:

›Vater, bezahl mir bitte mein Geld aus, das ich einmal von dir erben soll. Ich will weggehen und woanders leben.‹ Der Vater gab ihm das Geld und sein Sohn zog davon. Der Sohn gab das Geld für viele unnütze und schlechte Sachen aus. Aber eines Tages war alles, was er hatte, aufgebraucht. Es war eine Zeit, zu der viele Menschen arbeitslos waren, und er wurde sehr arm. Er nahm eine Arbeit als Schweinehirt an, die sehr schlecht bezahlt wurde. Er hatte so großen Hunger, dass er sogar gern das Futter der Schweine gegessen hätte, aber selbst das war verboten. Schließlich überlegte er sich, dass er vielleicht auf dem Hof seines Vaters arbeiten konnte – nicht wie sein Sohn, weil er doch all das Geld verschwendet hatte –, aber vielleicht als Knecht. Er beschloss zu fragen, ob er dort als ein einfacher Arbeiter etwas zu Essen bekommen konnte. Und so ging er los und kam zum Hof des Vaters. Der Vater sah ihn und lief ihm entgegen, umarmte ihn und küsste ihn. Der Sohn sagte: ›Ich habe viel falsch gemacht gegenüber dir und gegenüber Gott. Ich möchte gar nicht als dein Sohn hier leben, sondern nur als ein …‹ Doch der Vater rief fröhlich: ›Lass uns ein großes Fest feiern. Du bist doch mein Sohn. Schnell, bringt Essen und Trinken! Wir feiern, dass mein Sohn nicht mehr verloren, sondern wieder da ist.‹ Und alle begannen, mit ihnen zu feiern. Der ältere Sohn aber kam vom Feld. Als er hörte und sah, was alles für seinen Bruder gemacht wurde, ärgerte er sich und sagte seinem Vater: ›Ich bin die ganze Zeit hier gewesen und für mich hast du noch nie ein Fest veranstaltet.‹ Der Vater erwiderte: ›Dir ging es die ganze Zeit hier gut. Sei doch einfach froh, dass dein Bruder nicht mehr verloren, sondern nun wieder bei uns ist.‹

Die Zuhörerinnen und Zuhörer verstanden, dass Gott selbst sich wie solch ein liebender Vater verhält«, fuhr Maries Mutter fort. »Er freut sich über jeden Menschen, egal was der vorher getan hat. Genauso wie der Vater in der Geschichte sich über den verlorenen Sohn freut. Sie verstanden auch, dass niemand sich zu ärgern braucht über jemanden, der erst nach langer Zeit zu Gott kommt.«

Marie sagte: »Ich finde an der Geschichte schön, dass der Vater am Ende mit dem Sohn feiert, und bestimmt feiert der ältere Sohn nachher auch mit.«

Maries Mutter fuhr fort: »Jesus wollte, dass die Menschen wissen, wie lieb Gott sie hat. Um zu zeigen, dass Gott den Menschen ganz nah ist und helfen will, hat Jesus dann auch kranke Menschen geheilt:

Eines Tages ging Jesus mit seinen Freunden durch eine Straße. Ein blinder Mann mit Namen Bartimäus hatte davon gehört. Er konnte Jesus nicht sehen, aber er rief laut: ›Jesus, Friedenskönig, hilf mir!‹ Die Leute um ihn herum zischten ihn an: ›Sei ruhig.‹ Aber Bartimäus rief noch lauter: ›Jesus, Friedenskönig, hilf mir!‹ Jesus stand still und sagte: ›Ruft ihn her.‹ Einige gingen zum Blinden und sagten ihm: ›Mach dir keine Sorgen, komm, er ruft dich.‹ Bartimäus warf seinen Mantel hin, sprang auf und kam zu Jesus. Jesus fragte: ›Was willst du? Was soll ich tun?‹ Der Blinde sagte: ›Meister, mach dass ich wieder sehen kann!‹ – ›Geh‹, sagte Jesus, ›dein Glaube hat dir geholfen.‹ Da konnte Bartimäus wieder sehen. Von nun an folgte er Jesus und seinen Freunden.«

Parvati fragte: »Ich habe gehört, dass Jesus später getötet wurde. Wie konnte das passieren? Er hat doch vorher Menschen geholfen?«

Frau Schmidt nickte: »Ja, das ist eine traurige Geschichte. Es kam so: Als Jesus in die Hauptstadt von Israel, nach Jerusalem, kam, waren die Menschen ganz fröhlich. Sie empfingen ihn als ihren König, der von Gott kommt. Sie wedelten vor Freude mit Palmen und warfen ihre Mäntel auf die Erde, damit der Weg nicht mehr so schmutzig war für Jesus. Aber in Jerusalem kamen auch Probleme. Priester aus dem großen Tempel und einige Gelehrte ärgerten sich sehr über ihn. Sie dachten: ›Warum reden die Leute alle vom Friedenskönig? Das ist doch gar kein König. Und von Gott kommt er auch nicht. Das sieht man doch gleich, wenn man ihn anguckt. Er ist ein ganz normaler Mensch.‹ Sie schafften es in einer Nacht, Jesus gefangen zu nehmen. Sie verhörten ihn und fragten: ›Bist du wirklich der Christus, der gesalbte Friedenskönig, und bist du sogar Gottes Sohn?‹ Und Jesus antwortete: ›Ja.‹ Das reichte den Tempelpriestern. Sie dachten: ›Die Antwort ist eine Frechheit und noch schlimmer: Die Antwort ist eine Beleidigung Gottes. Nur Gott kann bestimmen, wer sein Friedenskönig ist.‹ Sie brachten ihn zu dem regierenden Mann von Jerusalem, Pilatus. Pilatus befürchtete Unruhen und verurteilte Jesus zum Tod. So wurde Jesus von Soldaten der Regierung an ein Kreuz geschlagen. Aber Jesus war nicht wütend auf die Menschen, die ihm wehtaten. Eines seiner letzten Worte war eine Bitte an Gott: ›Gott, Vater, vergib diesen Menschen ihre Fehler. Sie wissen gar nicht, was sie da tun.‹ Danach starb er am Kreuz.«

»Deswegen gibt es bei euch Christen immer Kreuze«, stellte Jakob fest.

Der Tod von Jesus

Für Christinnen und Christen ist der Tod von Jesus ein trauriges, aber auch ein sehr wichtiges Ereignis. Es ist traurig, wie Jesus gestorben ist. Es ist wichtig, weil so alle gesehen haben, wie ernst er seine Liebe zu den Menschen meint. Als er verhaftet wurde, hat er nicht gekämpft. Als er am Kreuz starb, betete er noch für die Menschen, die ihn töteten. Jesus starb an einem Freitag, daran erinnern Christen sich am Karfreitag. Manche essen aus diesem Grund jeden Freitag kein Fleisch.

Frau Schmidt erzählte weiter:

»Zunächst waren seine Freunde sehr traurig und verzweifelt. Jesus war tot. Sie konnten es gar nicht verstehen. Vielleicht hatten sie sich geirrt und Jesus war gar nicht der gesalbte Friedenskönig? Sie waren sich gar nicht mehr so sicher.

Zwei Freunde von Jesus machten sich traurige Gedanken über diese Fragen, als sie zu einem Dorf gingen. Das Dorf hieß Emmaus.

Plötzlich kam ein anderer Mann und ging mit ihnen auf dem Weg. Er fragte sie: ›Was ist denn los?‹ Und sie erzählten ihm, was passiert war. Der fremde Mann war gar nicht erstaunt: ›Wisst ihr denn nicht Bescheid? Das ist doch gar keine Überraschung. Schon früher haben Menschen vorhergesagt, dass der Friedenskönig leiden und sterben wird.‹ Und der Mann erzählte ihnen alles darüber. Inzwischen waren sie ganz nah bei dem Dorf Emmaus. Die Freunde von Jesus fragten den Mann: ›Bleib doch bei uns, denn es wird Abend.‹ Der fremde Mann kam mit, betete mit ihnen vor dem Essen, zerteilte das Brot so, wie es Jesus getan hatte, und plötzlich merkten die Freunde, dass dieser Mann gar kein Fremder war, sondern dass es Jesus war. Jesus war gar nicht mehr tot, er war den ganzen Weg mit ihnen gegangen. In dem Moment, als die Freunde das merkten, war Jesus verschwunden. Die beiden waren überrascht, aber auch froh und aufgeregt. Sie liefen den Weg zurück nach Jerusalem und erzählten allen: Jesus lebt, er ist auferstanden! Wir haben ihn gesehen. Jetzt verstanden alle Freunde, dass er wirklich der ›Christus‹, der Friedenskönig, war. Sie verstanden, dass er weiterlebt. Die Freunde gründeten eine Gruppe und immer mehr Menschen kamen hinzu. Heute gibt es überall Menschen auf der Welt, die dazugehören. Das sind wir Christinnen und Christen. Wir glauben, dass die Menschen erst nicht erkannt haben, wer Jesus ist. Aber nun wissen ganz viele, dass er jetzt der geheime Friedenskönig der Welt ist, der uns lieb hat.«

Jakob zeigte wieder auf ein Holzkreuz an der Wand. »Warum wird er immer als toter Mann am Kreuz gezeigt. Das sieht doch recht traurig aus?«

Frau Schmidt überlegte einen Moment: »Wir sehen daran, dass er ein ganz anderer König ist als die Könige, die wir sonst kennen. Er ist einer, der nicht nur von oben auf seine Menschen schaut, sondern der bereit ist, alles Schlimme, was andere erleben müssen, auch zu erleben. Er hat auch gespürt, wie es ist, wenn andere einem wehtun. Durch das Kreuz denken wir daran, dass er diese schlimme Seite kennt und versteht. Selbst dort hat seine Liebe zu den Menschen und zu Gott nicht aufgehört.«

»Gibt es bei euch auch Gebete?«, fragte Parvati.

»Ja«, sagte Marie, »ich bete jeden Abend zusammen mit meinen Eltern. Dann liege ich schon im Bett. Papa und Mama kommen herein. Wir überlegen, was an diesem Tag schön war und was an dem Tag nicht so schön war. Dann falten wir die Hände und sagen: ›Danke, Gott, für das, was schön war, zum Beispiel, dass ich viele Freunde getroffen habe. Und Gott, ich bitte dich, dass meine Tante bald wieder gesund wird.‹ Dann sagen mein Vater und meine Mutter auch noch ein Gebet und am Ende sprechen wir zusammen das wichtigste Gebet von uns Christen, das Vaterunser. Ich kann es schon auswendig:

Vater unser im Himmel, / geheiligt werde dein Name, / dein Reich komme, / dein Wille geschehe, / wie im Himmel so auf Erden, / unser tägliches Brot gib uns heute / und vergib uns unsere Schuld, wie auch wir vergeben unseren Schuldigern. / Und führe uns nicht in Versuchung, / sondern erlöse uns von dem Bösen. / Denn dein ist das Reich und die Kraft und die Herrlichkeit / in Ewigkeit. Amen.

Manchmal singen wir dann auch noch ein Lied.«

Frau Schmidt fiel noch etwas ein: »Wir singen überhaupt gern. Vor allem in der Advents- und Weihnachtszeit.«

»Weihnachten kenne ich«, rief Bing, »das ist das Fest der Geschenke.«

»Ja«, sagte Parvati, »da bekommt jeder ganz viel Pakete und darf sie auspacken.«

»Na ja«, sagte Frau Schmidt, »eigentlich sind die Geschenke nicht das Wichtigste. Als Christen feiern wir an diesem Tag die Geburt von Jesus. Weil wir uns so sehr darüber freuen, schenken wir uns gegenseitig etwas zum Geburtstag von Jesus.«

Weihnachten und Ostern

Weihnachten ist eines der beiden großen Feste der Christinnen und Christen. In jedem Land der Welt wird es etwas anders gefeiert. In Deutschland wird es am 25. Dezember begangen, aber die Feier fängt schon am Abend vorher an, dem »Heiligen Abend«. So feiern die Christen, dass Jesus, der Christus, zur Welt gekommen ist. Das andere große Fest ist Ostern. An diesem Tag wird gefeiert, dass Jesus nach seinem Tod auferstanden ist und dann seinen Freunden begegnet ist. Das Osterfest ist der größte Erinnerungs- und Feiertag.

Parvati rief: »Ihr habt so schöne Weihnachtslieder, könnt ihr uns eins vorsingen?«

Marie und ihre Mutter guckten sich an und Frau Schmidt sagte: »Eigentlich ist jetzt gar nicht Weihnachtszeit, aber wir singen euch trotzdem eins vor. Ein Adventslied, das von Jesus, dem Herrn und König, handelt.« Marie nickte und sie sangen:

»Macht hoch die Tür, die Tor macht weit;
es kommt der Herr der Herrlichkeit,
ein König aller Königreich',
ein Heiland aller Welt zugleich,
der Heil und Leben mit sich bringt;
derhalben jauchzt, mit Freuden singt:
Gelobet sei mein Gott, mein Schöpfer reich von Rat.«

Die anderen Kinder klatschten.

»Können wir eure Kirche besuchen?«, fragte Bing.

»Kein Problem«, sagte Marie. »Ich habe die Leiterin unseres Kindergottesdienstes gefragt, ob sie uns morgen die Kirche zeigt. Vielleicht kommt unser Pfarrer auch.«

Christen loben Gott durch ihre Lieder
Christen haben viele Lieder, mit denen sie Gott loben oder Gott um etwas bitten. Manche Lieder können einfach so oder mit der Begleitung einer Gitarre gesungen werden. Andere Lieder werden von großen Chören gesungen.

Am nächsten Nachmittag machten sie sich zu Fuß auf den Weg in die Kirche. Der Kirchturm ragte schon von Weitem über alle anderen Gebäude. Schnell waren sie angekommen. Am großen Kirchtor stand Frau Heller, die Kindergottesdienstleiterin, und winkte schon.

Die Kinder liefen auf sie zu. »Schön, euch zu sehen«, rief sie. »Das ist unsere evangelische Kirche. Wenn ihr wollt, könnt ihr gleich weiterlaufen – einmal um die Kirche herum. Dann erzählt ihr mir, was ihr gesehen habt.« Die Kinder liefen um die Kirche und guckten.

Jakob kam als Erster etwas keuchend wieder: »Es ist alles aus Stein und die Fenster sind ziemlich groß«, stellte er fest. Dann kam Selma: »Da ist ein Kindergarten hinter der Kirche.« Parvati zeigte an die Ecke: »Da steht ein Schild, wann die Kirche gebaut wurde. Sie ist schon 100 Jahre alt.« Bing erzählte: »Vorne ist so ein Glaskasten, da steht, was es diese Woche alles gibt, Bibelgruppen und einen Kinderchor.«

»Im Kinderchor singe ich mit«, sagte Marie und fügte hinzu: »Ich habe noch die Diakoniestation nebenan gesehen. Davor hing ein Bild von einem alten Menschen, der gepflegt wurde.«

»Da habt ihr ja alles Wichtige entdeckt«, sagte Frau Heller. »Wie Jesus sich um andere Menschen gekümmert hat, sorgen wir für ganz kleine Menschen im Kindergarten oder für alte Menschen, die Pflege brauchen. In der Bibelgruppe lesen wir nach, was Jesus getan hat. Im Chor singen wir über unsere Liebe zu Gott.«

Frau Heller öffnete die schwere Holztür der Kirche. Drinnen war es zunächst recht dunkel, aber die Glasfenster verbreiteten ein buntes Licht mit grünen, gelben und roten Farbspielen an den Wänden. Die Kinder blieben einen Moment an der Schwelle stehen und schauten sich die große Halle an. Frau Heller sagte: »Ihr habt gesehen, was um die Kirche herum war. Jetzt zeige ich euch, was drinnen ist.« Als Erstes gingen sie ganz nach vorne zum Altartisch. Darauf standen ein Kreuz, Kerzen und Blumen.

Da kam eine Stimme von der Seite: »Ich freue mich, dass ihr alle hier seid.« Ein Mann trat mit einem Koffer herein. »Entschuldigt, dass ich so spät bin«, sagte er. »Ich war noch bei einem Gottesdienst im Altenheim.« Er kam nach vorne und schwenkte den Koffer. Dann stellte er sich vor: »Ich bin Pfarrer Fischer und hier für die Gemeinde und die Gottesdienste zuständig. Ich besuche auch alte Menschen und alle, die Besuch haben möchten. Ein wenig wie Jesus. Er hat viel mit Menschen gesprochen, sie besucht und mit ihnen gefeiert. Ich mache für die größeren Kinder noch Konfirmandenunterricht und manchmal bin ich auch in der Schule.«

Parvati unterbrach ihn: »Was hast du da in deinem Koffer?«

»Mach mal auf«, sagte Pfarrer Fischer. Parvati öffnete vorsichtig den Verschluss und hob den Deckel hoch. Drinnen lag ein riesiges schwarzes Gewand. »Das ist mein Talar«, stellte Pfarrer Fischer fest. »Den ziehe ich zum Gottesdienst an. Guckt mal.« Er zog den Talar an und befestigte vorne ein Stoffstück mit zwei weißen Enden. »Das nennt sich Beffchen«, bemerkte er.

Marie hatte sich schon weiter in der Kirche umgesehen. »Hier ist das Taufbecken!«, rief sie nun aus einer Ecke. Alle liefen zu einem steinernen großen Gefäß und Marie sagte: »Hier wurden mein Bruder und ich getauft.«

»Wurdet ihr da ganz hineingelegt?«, fragte Jakob.

Pastor Fischer lachte: »In manchen christlichen Kirchen werden die Kinder oder erwachsene Täuflinge wirklich ganz unter das Wasser getaucht, aber wir benutzen nur ein bisschen Wasser und gießen es über den Kopf. Dann zeichne ich ein Kreuz auf den Täufling und sage: »Ich taufe dich auf den Namen Gottes des Vaters und des Sohnes und des Heiligen Geistes.« Dann gehört der Täufling zu unserer christlichen Gemeinschaft und zu Jesus Christus.«

Die christlichen Kirchengemeinschaften
Die Christen glauben alle an Gott Vater und Jesus Christus. Es gibt unter den Christen aber unterschiedliche Gemeinschaften. In den östlichen Ländern gehören Christen meist der orthodoxen Kirche an. In Deutschland und in anderen europäischen Ländern gibt es katholische und evangelische Christen. In vielen östlichen, also orthodoxen Kirchen, werden die Kinder bei der Taufe ganz untergetaucht. Bei uns nur selten. In der katholischen Kirche trägt der Pfarrer ein weißes Gewand, die Albe, in der evangelischen Kirche in Deutschland einen Talar mit Beffchen. Das sind nur einige Unterschiede zwischen den christlichen Kirchen.

Pfarrer Fischer zeigte auf die Kanzel: »Von hier oben erzähle ich am Sonntag den Menschen, was in der Bibel steht und was Jesus gesagt hat.«

»Und was ist das für eine Maschine?«, fragte Bing und

zeigte auf einen riesigen Apparat mit vielen Röhren hinten im Kirchenraum.

»Das ist doch die Orgel«, lachte Marie.

»Wozu ist so etwas gut?«, fragte Bing weiter.

»Die macht Musik!« Herr Fischer war inzwischen von der Kanzel heruntergestiegen, ging zur Orgel und drehte den Schlüssel um. Ein leichtes leises Surren und Pusten war zu hören. »Das ist der Blasebalg«, sagte Herr Fischer. »Er bläst Luft in diese Röhren. Weil die Röhren

wie Pfeifen geformt sind, machen sie Musik.« Er drückte auf einige Tasten der Orgel und ein tiefer Brummton klang durch die Kirche, er drückte auf die nächste Taste und ein hoher Ton kam hinzu, schließlich hielt er vier Tasten und ein vielstimmiger Akkord füllte den ganzen Raum.

»Das klingt sehr geheimnisvoll«, stellte Parvati fest und fragte: »Was ist für Christinnen und Christen das Geheimnis dieser Welt? Wie kann man es aufdecken?«

Während Pfarrer Fischer leise einen weiteren Akkord spielte, überlegte Frau Heller kurz und sagte:

»Ich weiß nicht, was das Geheimnis ist, aber eine Art Schlüssel, um das Geheimnis der Welt aufzudecken, ist für uns Jesus. Ihm ging es auch einmal sehr schlecht, wie vielen Menschen. Er ist gestorben, auferstanden und lebt nun mit Gott. Er ist der geheime Friedenskönig dieser Welt. Durch ihn verstehen wir die Welt neu. Wer sich nach ihm richtet, versteht Gottes Liebe. Ich glaube, Gottes Liebe zu dieser Welt ist das Geheimnis, das man durch Jesus entdecken kann.«

»Danke, Frau Heller!«, sagte Marie.

»Tschüss, Pfarrer Fischer!«, riefen Jakob und Selma und dann gingen alle langsam aus der Kirche.

WAS DARF MAN ALLES ESSEN?

»Hallo!«, rief Marie am nächsten Tag schon von Weitem und schwenkte ihre Tasche, »ich habe euch etwas mitgebracht.« Aus der Tasche zog sie fünf leckere kleine Salamiwürstchen. »Für jeden von euch eins«, sagte sie mit strahlendem Lächeln.

Alle anderen guckten sich verlegen an. Marie sah sich um: »Was ist denn los mit euch? Dann esse ich die eben alleine.« Sie riss die Verpackung auf und biss hinein.

Selma sagte: »Wir alle essen so etwas nicht.« Marie kaute und stellte mit einem Achselzucken fest: »Wenn ihr es nicht mögt, müsst ihr nicht.« Selma versuchte es noch einmal zu erklären: »Das ist keine Frage des Geschmacks. Wir essen das nicht, weil unsere Religion uns sagt, dass wir es nicht essen sollen.« Marie hörte auf zu kauen: »Die Religion sagt das?«

Manche essen kein Fleisch

Viele Buddhistinnen und Buddhisten und viele Hindus essen kein Fleisch. Sie drücken so aus, wie sehr sie das Leben der Tiere schätzen.

Würdest du alle Arten von Tieren essen?

Bing sagte: »Ja. Das ist bei allen unseren Religionen so, außer bei deiner. Ich und Parvati, wir essen als Hindu und Buddhist überhaupt gar kein Fleisch und keinen Fisch. Selma und Jakob essen kein Schweinefleisch und einige Tiere aus dem Meer auch nicht. Wenn beide andere Arten von Fleisch essen, muss es vorher ganz besonders geschlachtet worden sein. Jakob isst außerdem nie Fleisch zusammen mit Milch. Das ist in seiner Religion auch verboten.«

Marie machte den Mund auf und erst mal nicht wieder zu. Dann fragte sie: »Ihr habt alle solche Vorschriften? Auf die Idee wäre ich nicht gekommen.«

Parvati sagte: »Uns sind die Tiere so wichtig, dass wir sie nicht einfach essen. Übrigens isst du doch auch nicht alles. Würdest du etwa deinen Hund essen? Oder hättest du die Katze neulich gegessen? Oder den Kanarienvogel deiner Oma?«

Marie dachte nach: »Du hast recht. Ich esse auch nicht alle Tiere. Besonders dann nicht, wenn andere Menschen sie sehr gern haben.«

Parvati fuhr fort: »Uns als Hindus und Bing als Buddhist sind alle Tiere sehr wichtig und wir ehren sie. Deshalb essen wir gar keine Tiere.«

Marie drehte sich zu Selma und Jakob: »Aber ihr esst schon Fleisch, wenn es nicht von Schweinen stammt.«

»Ja«, antwortete Jakob, »aber das Schlachten von Tieren geschieht bei uns Juden und bei den Muslimen nicht einfach so, wir müssen ganz bestimmte Regeln einhalten. Wir dürfen auch Tiere nicht einfach so töten.«

Marie überlegte und Bing schlug vor: »Vielleicht kannst du ja auch kein Fleisch mehr essen, wenn du darüber nachdenkst.« Marie schüttelte den Kopf. »Ich glaube, ich möchte lieber weiterhin Fleisch essen.« Etwas zögerlich packte sie die Minisalami wieder ein.

Manche Religionen sagen, was die Menschen essen dürfen und was nicht.
Wenn ihr einen muslimischen oder jüdischen Freund oder eine Freundin zu eurem Geburtstag einladet, dann müsst ihr daran denken, dass sie kein Schweinefleisch essen. Deshalb solltet ihr auf die Pizza keinen Kochschinken legen oder ihnen Frikadellen anbieten. Lasst einfach das Schweinefleisch weg, dann könnt ihr trotzdem gemeinsam essen. Denkt daran, dass Juden keine Milch in Verbindung mit Fleisch essen. Ihr könnt Fähnchen auf das Essen stecken, auf denen steht, worin kein Schweinefleisch oder keine Milch ist. Vielleicht gibt es Putenschnitzel oder Geflügelsalat? Oder ihr feiert euren Geburtstag ganz ohne Fleisch, so wie es übrigens viele Hindus und Buddhisten machen.

Islam

SELMAS GLAUBE ALS MUSLIMA

Am Donnerstag der nächsten Woche standen alle in Strümpfen auf dem Teppich in Selmas Flur. Ihre Schuhe hatten sie ausgezogen und neben die Eingangstür gestellt, Marie ihre Sandalen, Jakob seine Turnschuhe. Sie schauten auf ihre Füße. Marie hatte rote Socken an, Parvatis Socken waren gelb und Jakobs blau. Und da, wo der große Zeh war, war der Stoff etwas dünn. Selma nahm einen kleinen Schuh, der mitten im Weg lag, und stellte ihn mit in die Reihe der Schuhe. Suchend schaute sie sich um. Ach, da war ja der zweite! Er lag unter der Schultasche. Sie stellte die kleinen Schuhe ihres Bruders sorgfältig an ihren Platz, sodass niemand darüber stolpern konnte, und erklärte: »Wir ziehen unsere Schuhe an der Wohnungstür aus.« Sie sah zu Jakob rüber und kicherte. »Manchmal ist es etwas peinlich, wenn Leute zu Besuch kommen und die haben ein dickes Loch in ihrer Socke.« Jakob trat verlegen von einem Fuß auf den anderen und stellte seinen rechten Fuß auf seinen linken. ›Peinlich‹, dachte er, ›ab sofort werde ich immer darauf achten, dass ich nur noch Socken trage, die heil sind.‹ Selma brachte jedem ein Paar Hausschuhe und sie gingen ins Wohnzimmer.

»Bitte setzt euch«, sagte Selmas Schwester. Sie hieß Gül und war älter als Selma. »Ich freue mich, dass ihr uns besucht.«

Parvati, Bing und Marie setzten sich schnell auf das gemütliche Sofa. Jakob sah enttäuscht aus.

»Komm«, sagte Marie. »Wir rücken alle etwas zusammen, dann hast du auch noch genug Platz.« Auf dem Tisch standen Kekse und süßes Gebäck, daneben eine Teekanne auf dem Stövchen. Irgendwie sah die Kanne anders aus. Ja, da war noch eine zweite Kanne, auf der stand die obere. Bing schaute Gül fragend an.

»Da ist heißes Wasser drin«, erklärte sie. »Wir lieben unseren türkischen Tee.« Selma holte kleine Teegläser aus dem Schrank und stellte jedes auf einen Untersetzer. Parvati war ganz entzückt: »Oh, die sind aber niedlich.«

Gül schenkte jedem Tee ein und goss heißes Wasser hinzu. »Nehmt noch Zucker dazu und fühlt euch wie zu Hause.«

Die vier Kinder auf dem Sofa schauten sich im Zimmer um. An der gegenüberliegenden Wand war ein großer Wohnzimmerschrank. Hier standen viele Fotos in schönen Rahmen von verschiedenen Menschen. An der rechten Wand hing ein Bild von einem sehr großen, prächtigen Gebäude mit vielen Säulen und Fenstern. In der Mitte des Innenhofes stand ein Gebäude, das aussah wie ein großer schwarzer Würfel.

Gül folgte den neugierigen Blicken von Selmas Freunden.

»Wer sind denn die vielen Leute auf den Fotos?«, fragte Bing.

Gül antwortete: »Alle gehören zu unserer Familie.

Das sind Bilder unserer Großeltern, Tanten, Onkel, Cousinen und Cousins, ihre Kinder und so weiter. Manche leben in der Türkei, andere in Deutschland oder den Niederlanden. Die Familie ist uns sehr wichtig und deshalb haben wir von jedem Familienmitglied ein Foto.« Sie stand auf und holte ein Bild an den Tisch. »Das ist unser Dede, das heißt auf Deutsch Großvater, mit seiner Frau. Er ist in Rente und jetzt leben unsere Großeltern wieder in der Türkei.«

Bings Augen wanderten zu dem Bild mit dem schwarzen Würfel. »Was ist das?«, fragte er Gül.

»Dieser schwarze Würfel steht in einer großen Moschee in Mekka. Wir nennen ihn Ka'aba. Das heißt auf Deutsch Würfel. Wir glauben, dass der Prophet Ibrahim und sein Sohn Ismail die Ka'aba erbaut haben. Gott gab ihnen den Auftrag, ein Haus zu bauen, in dem Ibrahim von Gott erzählen konnte. Ich kann euch die Geschichte von Ibrahim erzählen:

Der Prophet Ibrahim hatte eine Frau, die hieß Sarah. Sie war schon alt und konnte keine Kinder mehr bekommen. Da sagte Sarah zu Ibrahim: ›Geh zu deiner Magd Hagar, damit sie ein Kind von dir bekommt.‹ Ibrahim tat das und Hagar gebar ihm einen Sohn, der hieß Ismail. Nun schenkte Gott auch der alten Sarah noch einen Sohn. Diesen nannten sie Isaak. Gott wollte Ibrahim auf die Probe stellen und forderte von ihm, seinen Sohn Ismail zu opfern. Ibrahim war schweren Herzens bereit, Ismail zu töten, um Gottes Befehl zu ge-

horchen. Als Gott das sah, schickte er ihm einen Widder. Ismail blieb unversehrt und Ibrahim schlachtete stattdessen den Widder und opferte diesen Gott. Dann verteilte er das Fleisch unter die Menschen. Zur Erinnerung an Ibrahim feiern wir jedes Jahr das Opferfest. Wir denken daran, wie er Gott vertraute und immer tat, was er wollte. Die Christen und Juden nennen Ibrahim übrigens Abraham«, sagte Gül.

»Warum sagst du Ibrahim und nicht wie wir Abraham?«, wollte Marie wissen.

»Ibrahim ist der arabische Name für Abraham. Der

Prophet Mohammed hat in Arabien gelebt und hat arabisch gesprochen.« Marie und Jakob schauten sich erstaunt an. Geschichten von Abraham kannten sie auch, aber von dem Gebäude mit dem schwarzen Würfel hatten sie noch nichts gehört.

Gül zeigte auf einen Teller, der an der Wand hing. Auf ihm waren kunstvolle Zeichen zu sehen. Um diese geheimnisvolle Schrift rankten sich Blumen und Blüten. »Diese Zeichen sind die arabische Schrift. Hier steht ›Allah‹. Wenn wir arabisch zu Gott sprechen, sagen wir Allah.«

»Selma, kannst du diese Schrift lesen?«, fragte Jakob.

»Naja.« Selma zögerte. »Ein paar Wörter kann ich schon lesen. Das habe ich im Unterricht in der Moschee gelernt, damit ich irgendwann den Koran lesen kann.« Sie holte ein Blatt Papier und einen Stift und fing an in der rechten oberen Ecke des Blattes zu schreiben. Das Wort »Gott« kannte sie schon. Sie schrieb von rechts nach links.

Das arabische Wort Gott wird so geschrieben: أَللّٰه

Ausgesprochen wird das Wort »Allah«. Auch Christen, die in Palästina oder in den arabischen Ländern leben, sagen zu Gott »Allah«.

Gül hatte in der Zwischenzeit ein Buch geholt. Es sah sehr wertvoll aus. Sie hatte ein Tuch auf den Tisch ausgebreitet und darauf legte sie nun vorsichtig das Buch. »Das ist der Koran, unser heiliges Buch«, erklärte sie.

Der Koran, das heilige Buch der Muslime
Muslime glauben, dass der Koran Gottes Wort ist. Der Koran ist in arabischer Sprache geschrieben. Die einzelnen Kapitel des Korans heißen Suren.
Im Koran und in der Bibel sind manche Geschichten gleich oder ähnlich. Muslime glauben zum Beispiel, dass Ibrahim Ismail opfern sollte. Ismail gilt als Vater des arabischen Volkes. Christen und Juden glauben, dass Isaak von Abraham geopfert werden sollte. Isaak gehört mit Abraham und Jakob zu den Vätern des Volkes Israel.

Wie Jakob klappte auch Gül das Buch von hinten auf. »Selma hat von rechts nach links geschrieben und deshalb werden auch Bücher von hinten nach vorne gelesen. Dort, wo sonst die erste Seite ist, ist hier die letzte«, sagte sie. Selma und Gül wurden ganz still. Auch in diesem Buch waren die Schriftzeichen umrahmt von Ranken und Blüten.

»Das sieht sehr schön aus«, unterbrach Parvati das Schweigen.

»Wir Muslime verzieren und schmücken den Koran und auch die Moschee mit kunstvollen Blumen«, sagte Gül. »Ihr findet keine Abbildungen von Menschen oder Tieren. Das hat uns unser Prophet Mohammed gelehrt und danach leben wir. Mohammed ist unser Vorbild. Er hat so gelebt, wie es Gott gefiel.«

Muslime, Christen und Juden haben gemeinsame Propheten

Propheten sind Männer oder Frauen, die Gottes Wort verkünden. Muslime, Christen und Juden verehren Noah, Abraham und Mose als Propheten oder Menschen, die Gott nah waren.

Es gibt aber auch Unterschiede. Auch Jesus ist für die Muslime ein besonderer Mensch, ein Prophet. Sie glauben aber nicht, dass Jesus der Friedenskönig und Gottes Sohn ist. Die Muslime nennen Jesus Isa. Muslime glauben, dass Jesus unter einer Palme geboren wurde und dass er schon bei der Geburt sprechen konnte. Auch Maria, die Mutter Jesu, kennen die Muslime. Nach ihr ist im Koran ein eigenes Kapitel benannt. Sie hat Jesus als Jungfrau geboren. Wegen dieses Wunders wird sie von Muslimen verehrt.

»Mohammed war ein Prophet? Den kenn ich gar nicht«, sagte sich Jakob. »Ich kenne Moschäh als Propheten.«

»Den kenne ich auch«, rief Marie und Selma nickte zustimmend.

»Das ist so«, übernahm wieder Gül das Wort. »Unsere Religion, der Islam, kennt auch Moschäh als Propheten.« Gül wandte sich an Jakob und Marie: »Ihr Juden glaubt, dass Moschäh Gottes Wort und seine Gebote an die Israeliten weitergegeben hat. Ihr Christen glaubt, dass Jesus Gottes Wort gepredigt hat, und wir Muslime glauben, dass Mohammed noch ungefähr 600 Jahre nach Jesus gelebt hat. Er ist der letzte Prophet. Wir richten uns in allem, was wir tun und denken, nach ihm und dem, was er uns gesagt hat.«

»Wir haben ja schon von Mose und Jesus gehört. Erzähl uns jetzt die Geschichte von Mohammed«, bat Marie gespannt.

»Mohammed war ein Waisenjunge. Seine Eltern waren früh gestorben und sein Großvater und sein Onkel hatten sich um ihn gekümmert. Doch er war ein kluger Junge und hatte Glück. Der Onkel bildete ihn zum Kaufmann aus. Mohammed bekam eine Arbeitsstelle bei einer reichen Frau, die Khadidscha hieß. Diese Frau schickte Kamele mit Waren in andere Städte. Mohammed durfte dabei helfen und hatte als Kaufmann Erfolg. Khadidscha war sehr beeindruckt von dem jungen Mann und hatte ihn sehr lieb. Schließlich beschlossen Khadidscha und Mohammed zu heiraten, obwohl Khadidscha viel älter war. Beide führten ein glückliches Leben. Doch irgendetwas fehlte Mohammed. Regelmäßig zog er sich an einen stillen Ort in die Berge zurück, um über die Welt und sein Leben nachzudenken. Eines Tages kam er völlig verstört nach Hause zurück. Er war in einer Höhle gewesen und plötzlich hatte er eine Stimme gehört, die ihm befahl: ›Lies!‹ Aber er konnte doch gar nicht lesen und die Stimme wurde lauter und sagte wieder: ›Lies!‹ Das passierte drei Mal. Da wurde er vor Schreck ohnmächtig. Es war der Engel Gabriel gewesen, der ihm erst leise und dann laut ins Ohr geflüstert hatte, was Gott ihm mitteilen wollte. Mohammed behielt alles im Gedächtnis und später haben Menschen das dann alles aufgeschrieben.«

Gül zeigte auf das Buch, das vor ihnen auf dem Tuch lag. »Hier im Koran steht Gottes Wort in einer wunderschönen Sprache. Kein Mensch hätte diese Texte schreiben können. Aber noch einmal zu Mohammed zurück. Zuerst hatte er Angst, verrückt geworden zu sein. Vielleicht hatte er einen Geist gesehen oder gehört? Er vertraute seiner Frau und erzählte ihr alles. Sie glaubte ihm: ›Gott hat wirklich zu dir gesprochen.‹ Mohammed erzählte nun auch anderen Menschen von Gott. Aber die Menschen in Mekka waren Handelsleute und interessierten sich nicht für Gottes Wort. Sie glaubten nicht, was Mohammed erzählte. Auch seine eigene Familie wollte nicht hören, dass es nur einen Gott gäbe. Sie glaubten an mehrere Götter. Sie sagten: ›Mohammed bringt alles durcheinander.‹ Seine Frau stand zu ihm. Auch sein Onkel beschützte ihn und verteidigte ihn vor der Familie und den Menschen in Mekka. Dann starb der Onkel. Nun wurde es für Mohammed, seine Frau und seine Freunde gefährlich, denn er hatte keinen Beschützer mehr. Er wanderte mit seinen Anhängern in eine Stadt. Die heißt heute Medina. Einige Jahre später kam Mohammed in seine Heimatstadt Mekka zurück. Wieder erzählte er von Gott und jetzt glaubten ihm die Menschen. Die meisten wandten sich von ihren alten Göttern ab, die sie bis dahin verehrt hatten, und wurden Muslime. Von da an wuchs unsere Religion, der Islam, mehr und mehr.«

»Was heißt denn eigentlich ›Islam‹?«, wollte Parvati wissen. Jetzt konnte Selma zeigen, was sie wusste. Sie antwortete: »Islam ist arabisch und heißt übersetzt ›Hingabe‹, Hingabe an Gott. Das Wichtigste in meinem Leben soll Gott sein. Wenn wir seine Gebote befolgen, kommen wir in das Paradies.«

Das Glaubensbekenntnis – die Schahada

Es lautet: »Ich bezeuge, dass es keine Gottheit gibt außer Gott. Ich bezeuge, dass Mohammed der Gesandte Gottes ist.«

Dieses Glaubensbekenntnis und der Gebetsruf wird den Neugeborenen direkt nach der Geburt ins Ohr geflüstert.

»Auf unseren Schultern sitzen zwei Engel, der eine schreibt die guten Taten auf, der andere die schlechten«, fuhr Selma fort. »Wenn wir sterben, wird Gott entscheiden, ob wir mit dem Paradies belohnt werden. Gott hat uns gesagt, dass wir fünf Mal am Tag beten sollen, um uns an ihn zu erinnern. Bei allem, was wir tun, sollen wir Gott danken.«

Gül warf ein: »Es gibt einen schönen Bericht zu den Gebeten: Danach ist unser Prophet durch ein Wunder bei Nacht mit einem Maultier nach Jerusalem durch die Luft geflogen. Dort ist er auf einer Leiter in den Himmel gestiegen, bis an die Himmelstore, die die Engel bewachen. Im ersten Himmel traf er Adam, und dann auch

Isa, den ihr Jesus nennt. Er traf auch Aaron und Mose. Ibrahim saß vor dem Paradiestor. Und schließlich kam er zu Gott. Gott hat ihm und seinem Volk fünfzig Gebete am Tag aufgetragen. Als Mohammed wieder hinabstieg, traf er erneut Mose. Der schüttelte den Kopf und sagte: ›Fünfzig Gebete sind zu viel für die Menschen.‹ Da ist Mohammed noch einmal zu Gott gegangen und Gott hatte ein Einsehen. Er legte den Menschen die Pflicht auf, fünf Mal am Tag zu beten. Und weil der Prophet in Mekka gelebt hat, verneigen wir uns beim Beten in Richtung Mekka. Alle Muslime auf der ganzen Welt beten in diese Richtung.«

Der Fastenmonat Ramadan

Ein Monat ist bei den Muslimen anders als alle anderen. Er heißt Ramadan. In diesem Monat dürfen Muslime zwischen Morgendämmerung und Sonnenuntergang nichts essen oder trinken – sie fasten. Sie danken Gott, dass es ihnen gut geht. Jeden Abend, wenn die Sonne untergegangen ist, beten die Menschen und unterbrechen das Fasten. Sie laden Freunde und Nachbarn ein. Dann wird gemeinsam gegessen. Am Ende des Ramadans ziehen alle neue Sachen an. Die Kinder bekommen Geschenke und Süßigkeiten. Deshalb nennen manche Muslime die Feiertage auch Zuckerfest.

Die Wohnungstür wurde geöffnet. Selmas Vater zog seine Schuhe aus und kam ins Wohnzimmer. »Merhaba«, sagte er, »das heißt auf Türkisch ›Guten Tag‹.« Er sah den Koran auf dem Tisch liegen und fragte: »Was macht ihr gerade?«

Bing sagte: »Wir suchen nach dem Geheimnis hinter der Welt und da haben Selma und Gül vom Islam und von Mohammed erzählt.« Herr Öz nickte und sagte: »Selma hat mir gesagt, ihr wollt unsere Moschee sehen.«

»Oh ja!«, rief Selma. »Ich zeige euch unsere Moschee. Sie sieht von außen aus wie ein normales Haus, aber innen ist sie sehr schön. Überall liegen Teppiche und die Wände sind mit Fliesen geschmückt. – Wann besuchen wir die Moschee?«, fragte Selma ihren Vater.

»Morgen, am Freitag, ist unser Feiertag, so ähnlich wie die Christen am Sonntag und die Juden am Samstag feiern. Morgen fahren wir in die Moschee.«

Fünf Pflichten

Für Muslime sind fünf Pflichten wichtig, die sie einhalten sollen. Die fünf Pflichten werden auch die »fünf Säulen des Islam« genannt: Muslime sprechen das Glaubensbekenntnis. Sie beten fünf Mal am Tag. Sie fasten im Monat Ramadan. Sie geben Geld und Spenden für die Armen. Einmal im Leben sollen sie eine Pilgerreise nach Mekka machen, die Haddsch.

»So, da wären wir«, sagte Selmas Vater. Bing und Marie schauten sich fragend an. Sie waren aus der Stadt herausgefahren, vorbei an Kirchen, schönen Häusern und dann war Selmas Vater in ein Industriegebiet abgebogen. Sie konnten beim besten Willen nicht erkennen, wo hier eine Moschee sein sollte. Die Pagode und die Kirche waren schon von Weitem zu sehen gewesen, aber hier sah kein Gebäude aus wie ein Gebetshaus. Ob sie hier eine Antwort finden würden, wie die Geheimnisse der Welt aufgedeckt werden können?

Sie folgten dem Vater, der auf ein Haus zusteuerte, das aussah wie ein Fabrik- oder Werkstattgebäude. Sie gingen einige Stufen hoch und kamen in einen Flur. In einem großen Regal waren einzelne Paare Schuhe abge-

stellt. Der Staub und der Dreck von der Straße blieben so draußen. Eine Treppe führte in das Obergeschoss. Die Kinder zogen auch ihre Schuhe aus und stellten diese zu den anderen in das Regal. Es war schön, den Teppich direkt unter den Füßen zu spüren.

Der Vater führte sie in einen großen Raum. Ein paar Männer saßen auf dem Teppich, direkt auf dem Boden. Stühle oder Bänke gab es hier nicht. Die Kinder setzten sich hinten an die Wand. Von hier aus konnte man alles gut sehen.

Selma sprang plötzlich auf und lief auf einen Mann zu, der durch die Tür in den Gebetsraum kam. Sie begrüßte ihn und sie küsste ihm die Hand. Sie hielt ihn fest und zog ihn zu den anderen Kindern. »Das ist mein Onkel Ömer«, stellte sie ihren Onkel vor. »Erzähl uns doch von deiner Pilgerreise nach Mekka«, bat sie ihn.

»Die Pilgerreise nach Mekka ist für uns Muslime eine ganz besondere Reise«, erklärte Onkel Ömer. »Allah hat uns aufgetragen, einmal im Leben nach Mekka zu pilgern, und letztes Jahr ist mein Herzenswunsch in Erfüllung gegangen.

Seit ich in Mekka war, gibt es fast nichts mehr, was ich mir noch wünschen kann. Ich war Allah ganz nah! Es war großartig! Alle Muslime sind eine große Familie. Millionen von Menschen kommen jedes Jahr zur Haddsch, so nennen wir die Pilgerfahrt. Der ganze Platz um die Ka'aba ist voller Menschen und trotzdem bleibt alles friedlich. Alle Pilger, Frauen wie Männer, tragen schlichte weiße Tücher. Jeder legt seinen Schmuck ab. Niemand kann erkennen, ob der andere arm ist oder reich und berühmt. Vor Gott sind alle Menschen gleich.

Nach dieser Zeit feiern wir mit allen anderen Muslimen auf der ganzen Welt ein Fest. Für mich gibt es keine größere Freude, als mich an die Haddsch zu erinnern. Ich danke Allah, dass ich nach Mekka reisen durfte. Er ist barmherzig und gütig.«

Der Lautsprecher knackte. Marie erschrak ein wenig, denn plötzlich schallte eine Stimme durch den Raum. Es war ein Singsang in einer fremden Sprache. »Das ist der Muezzin«, sagte Selma. »Er ruft alle Muslime zum Gebet.«

Marie überlegte. »Aber das hört man doch nur hier drinnen in der Moschee.«

»Ja«, erwiderte Selma. »In der Türkei oder in anderen Ländern, wo viele Muslime leben, steigt der Muezzin auf einen Turm und ruft von dort zum Gebet.«

Minarett und Muezzin

Die Türme an den Moscheen heißen Minarett. Hier in Deutschland gibt es nur wenige Moscheen, die ein Minarett haben. Der Muezzin, der zum Gebet ruft, bleibt daher meistens in der Moschee.

Onkel Ömer sagte: »Aber wir haben ja auch gar kein Minarett an dieser Moschee. Vielleicht bauen wir später mal eine schöne Moschee, wenn genug Geld gesammelt ist. Es wäre schön, wenn wir Allah ein prächtiges Gebäude bauen könnten, sodass man von außen schon sieht, dass es eine Moschee ist.«

Nach und nach kamen weitere Männer in die Moschee und Selmas Onkel ging zu ihnen. Die meisten waren schon älter und hätten ihre Großväter sein können. Und es kamen ein paar Jungen, die etwa in Selmas Alter waren. Alle stellten sich sorgfältig in eine Reihe und warteten. Nun kam ein Mann in einem grauen Mantel herein. Auf dem Kopf hatte er eine Kappe. Jakob schaute noch einmal genau hin. Ja! Die Männer hatten auch eine Kopfbedeckung. Sie sah fast so aus wie seine Kippa. Manche waren gehäkelt oder gestrickt. Sie waren etwas größer als eine Kippa, fast wie eine richtige Mütze.

Jakob wurde in seinen Gedanken unterbrochen. Selma nickte in Richtung des Mannes, der eben gekommen war und sich in die Nische gestellt hatte. »Das ist unser Vorbeter, der Imam. Er wurde in der Türkei ausgebildet. Der Imam betet regelmäßig zu den Gebetszeiten und erinnert die Menschen daran, dass sie auch im Alltag das Gebet nicht vergessen. Wenn sie Fragen zum Koran oder zum Islam haben, dann beantwortet er diese. Er erklärt auch uns Kindern, was im Koran steht, und er ist mein Arabisch-Lehrer.«

Der Imam hatte inzwischen angefangen zu singen.

Die Muslime verbeugten sich, dann knieten sie nieder und berührten mit der Stirn den Boden. Danach standen sie wieder auf. Erst jeder in seinem Tempo, dann mit gemeinsamen Bewegungen. Die Männer schienen in ihr Gebet versunken.

Parvati schaute sich suchend um: »Wo sind denn die Frauen und die Mädchen?«, fragte sie nun dazwischen.

»Die Frauen haben eigene Frauenräume oben. Viele Frauen kommen nicht in die Moschee, weil sie zu Hause auf die Kinder aufpassen. Die Männer müssen zum

Gebet in die Moschee kommen, die Frauen kommen, wenn sie können und wollen«, antwortete Selma.

»Und in dieser Himmelsrichtung liegt nun Mekka?«, kombinierte Bing.

Selma sagte: »Viele Tausend Kilometer entfernt liegt Mekka, unsere heilige Stadt. Die Stadt des Propheten Mohammed.«

Die Gebetsrichtung nach Mekka
Alle Muslime auf der ganzen Welt verneigen sich in Richtung Mekka. Wenn ein Muslim nicht weiß, wo Mekka ist, muss er einen Kompass benutzen. Dann breitet er einen Gebetsteppich aus und betet in Richtung Mekka. Wenn kein Teppich zur Verfügung steht, muss er sich einen Platz suchen und etwas Ähnliches wie einen Teppich auslegen, das kann zur Not auch eine Tüte oder eine Zeitung sein.

Nun sang wieder der Imam. Jetzt ging einer der Jungen und holte Gebetsketten und gab jedem eine. Die Männer ließen die Kette durch ihre Finger gleiten und murmelten vor sich hin.

»Was machen die Männer mit den Ketten?«, fragte Parvati.

»Sie verehren Allah in seinen 99 schönsten Namen«, sagte Selma. »Bei jeder Perle erinnern sie sich an Allah.«

Nachdem sie das Gebet beendet hatten, bestieg der Imam die Treppe. Von seinem erhöhten Platz aus sprach er nun zu den Muslimen.

Als der Imam fertig war, unterhielt sich Selmas Vater noch mit seinen Freunden. Er verabschiedete sich und kam zu den Kindern. »Ihr habt ja noch die Frage nach den Geheimnissen der Welt. Was meint ihr, habt ihr schon eine Idee, was das für Muslime ist?«

Marie war nachdenklich geworden. Einiges war wie bei Juden und Christen, anderes nicht. Was das Geheimnis für die Muslime war, konnte sie nicht sagen.

»Vielleicht ist es so«, sagte der Vater. »Ich denke, es gibt nur einen Gott, er hat die Welt geschaffen. Er ist barmherzig. Das kann man nur verstehen, wenn man sich ganz auf ihn verlässt und seinem Willen folgt. Damit wir das können, hat Gott unserem Propheten Mohammed gesagt, was gut und was falsch ist. Das ist im Koran aufgeschrieben. An dieses Wort Gottes halten wir uns. Wenn wir so leben, wie es der Prophet uns vorgelebt hat, dann sind wir gute Menschen. Vielleicht machen wir auch Fehler, aber weil Gott barmherzig ist und uns vergibt, können wir trotzdem in das Paradies kommen. Sein Wort im Koran zeigt uns den Weg zu seinen Geheimnissen.«

Marie nickte langsam, darüber musste sie erst noch einmal nachdenken.

FESTE FEIERN IN ANDEREN RELIGIONEN

Kinder und Erwachsene feiern gerne.
Christen laden sich zum Geburtstag ein oder besuchen sich zu Weihnachten.
Fragt doch mal andere Kinder, was sie feiern! Vielleicht feiern sie das Zuckerfest oder das Opferfest? Ihr könnt sie damit überraschen, dass ihr ihnen Glückwünsche aussprecht. Die Christen freuen sich über Weihnachten. Genauso freuen sich muslimische Kinder über das Zuckerfest oder Hindus über das Holi-Fest.

VIELE ANTWORTEN UND NEUE FRAGEN

Das Licht der Abendsonne streifte die offene Tür des Hochhausdaches, strich die Wand des Treppenhauses entlang und tauchte den ganzen Aufgang in ein gelb-goldenes Licht. Parvati, Bing, Jakob, Marie und Selma traten durch die Tür nach draußen und schauten in die Weite.

»Heute ist es noch schöner als beim letzten Mal«, sagte Marie. Jakob sah hinüber zur Schule und ergänzte: »Alles ist ein bisschen gelbgolden angemalt.«

»Sogar der Strauch hier«, stellte Marie fest. Jakob schaute in die Ferne: »Wir wissen jetzt, dass die Menschen ganz unterschiedlich über die Geheimnisse der Welt denken.«

»Und wir haben herausgefunden, wie man sie entdecken kann«, sagte Selma.

Jakob stellte fest: »Wir Juden können sagen: Man kommt den Geheimnissen durch Gottes Worte in der Thora auf die Spur. Da entdeckt man, dass Gott selbst das Geheimnis ist und dass er sich unser Volk Israel ausgesucht hat, um ihm zu helfen.«

Marie sagte: »Wir Christen sagen, Jesus Christus ist der geheime Friedenskönig dieser Welt, der die Menschen liebt. Durch ihn entdecken wir das Geheimnis der Liebe Gottes.«

Bing fügte hinzu: »Wir Buddhisten meinen, das Geheimnis ist, die Welt, ihr Leiden und ihre Gier zu durchschauen und alles in Gleichmut, Gelassenheit und Achtsamkeit wahrzunehmen.«

Parvati stellte fest: »Wir Hindus sagen, das Geheimnis ist das göttliche Wesen überall in unserer Welt. Wir begreifen dies Geheimnis, indem wir die Götter verehren und nach ihrer Ordnung leben.«

Selma sagte: »Wir Muslime meinen, um das Geheimnis zu verstehen, muss man sich Gott ganz hingeben und Gottes Wort im Koran lesen. Das Geheimnis ist Gottes Barmherzigkeit, durch die er Menschen sein Paradies schenkt.«

Jakob stellte fest: »Diese Geheimnisse sind doch sehr verschieden!«

Parvati nickte: »Und der Weg zu ihnen auch.«

Selma überlegte: »Ganz zusammen passen sie nicht. Ist dann eines richtig und die anderen falsch?«

Jakob runzelte die Stirn: »Ich habe gehört, dass Menschen sich sehr streiten, was davon richtig ist.«

Marie strich über eine Knospe und sagte: »Wieso denn? Jeder von uns kann sich an seinen Geheimnissen freuen und trotzdem die Ideen der anderen kennenlernen. Ich fand das spannend. Und ich hätte Lust, noch weiterzusuchen, bestimmt gibt es noch viel mehr, was Menschen zu den Geheimnissen sagen.«

Jakob sagte: »Wir verstehen uns doch gut, auch wenn unsere Religionen ganz unterschiedliche Wege vorschlagen. Jeder kann in seiner Gemeinschaft weiter dem

Geheimnis der Welt auf der Spur bleiben und gleichzeitig können wir gemeinsam auf Entdeckungsreise gehen, um noch mehr über die Religionen zu verstehen.«

Bing stellt fest: »Es gibt noch viel zu entdecken.«

Selma sah zum Horizont: »Wir werden sehen.«

Wenn Kinder andere Religionen entdecken

EIN WORT FÜR DIE ERWACHSENEN

Die Welt der Religionen ist voller Farben und Vielfalt. Einen ersten Einblick und Ausschnitte aus dieser reichen Welt will dieses Buch Ihren Kindern bieten.
Drei Punkte möchten wir Ihnen dazu noch sagen:

Dieses Buch ist eine erste Einführung in die Religionen von Hindus, Buddhisten, Juden, Christen und Muslimen. Ihre Religionsgemeinschaften wurden deshalb ausgewählt, weil sie den größten Einfluss in der Geschichte der Religionen hatten. Ihre Behandlung strebt keine lexikalische Vollständigkeit an, sondern sie will etwas von der Atmosphäre bei der Begegnung mit den jeweiligen Gläubigen und etwas von dem Charakter dieser Religionen einfangen. Wir haben daher zentrale Geschichten der Religionen erzählt. Typische Gebäude werden besucht. Rituale werden von den Kindern des Buches vorgestellt. Grundlegende Gedanken der einzelnen Religionen werden angesprochen und erklärt.
Wir haben bewusst ausgewählt, was für die entsprechenden Religionen wichtig und für das Verständnis

junger Leserinnen und Leser fassbar ist. Es gibt selbstverständlich noch viel mehr Geschichten, Rituale, Gebäudeformen, Glaubensgedanken, Glaubensbegriffe usw. Auf diese weisen wir zum Teil in den kurzen Erklärungen hin, anderes wird den Kindern später bei eigenen Gesprächen, in den Medien und in weiterer Lektüre begegnen, sodass sich nach und nach Gesamtbilder formen. Dieses Buch kann dazu ein erster Anfang sein.

Parvati, Bing, Jakob, Marie und Selma beschreiben und zeigen, wie sie in Deutschland leben. Sie zeigen, wie sie ihre Religion ausüben. Hindus und Buddhisten, Juden, Christen und Muslime haben in verschiedenen Nationen, Kulturen und auch von Familie zu Familie ganz unterschiedliche Formen ausgebildet, ihren Glauben zu leben. Parvati steht also nicht für »den« Hinduismus, denn »den« Hinduismus gibt es gar nicht, wie uns die Religionsgelehrten sagen. Ähnliches gilt für die anderen Kinder: Marie stellt ihren evangelischen Pfarrer vor. Es hätte auch ein katholischer oder ein orthodoxer sein können. Bing geht im Sommer in ein Kloster, das tut nicht jeder Buddhist. Selma könnte statt aus einer türkischen Familie aus einer syrischen oder persischen stammen. Wir haben uns jeweils für eine konkrete Ausformung entschieden. Ein Grund mehr, Ihr Kind zu ermutigen, in der Nachbarschaft zu gucken und zu fragen, was die Welt der Religionen noch bietet.

Allen Religionen ist gemeinsam, dass sie Geheimnisse und Fragen haben, die Menschen bewegen. Wir wollen mit diesem Buch auch dazu beitragen, dass sich die Leserinnen und Leser selbst Gedanken zu diesen Fragen machen. Die Frage nach den Geheimnissen der Welt und ihrem Schlüssel zieht sich als roter Faden durch das Buch. Die kurzen Kapitel zwischen den Religionskapiteln greifen Themen und Fragen auf, die nicht religiös festgelegt sind und die alle Menschen bewegen. Sie stimmen ein, selbst über konkrete Themen im eigenen Leben nachzudenken. Religionen beinhalten nicht einfach bloßes Sachwissen, sondern Lebenswissen und Schätze an Erfahrungen, die helfen können, hinter dem Vordergründigen des Lebens in die Tiefe zu blicken.
Wenn Sie mit Ihren Kindern über die großen Fragen der Welt und ihre Geheimnisse in ein Gespräch kommen, setzen Sie den Weg der fünf Kinder dieses Buches fort.

Barbara Janocha und Karlo Meyer

Register